夢

Dreaming: A Very Short Introduction

U0134796

Dreaming: A Very Short Introduction

夢

艾倫·霍布森(J. Allan Hobson)著

韓芳 譯

OXFORD
UNIVERSITY PRESS

Oxford University Press is a department of the University of Oxford.
It furthers the University's objective of excellence in research, scholarship,
and education by publishing worldwide. Oxford is a registered trade mark of
Oxford University Press in the UK and in certain other countries

Published in Hong Kong by
Oxford University Press (China) Limited
39 Floor One Kowloon, 1 Wang Yuen Street, Kowloon Bay,
Hong Kong

夢

艾倫·霍布森 (J. Allan Hobson) 著

韓芳 譯

ISBN: 978-0-19-083217-9

1 3 5 7 9 10 8 6 4 2

English text originally published as *Dreaming: A Very Short Introduction*
by Oxford University Press © J. Allan Hobson 2002

目錄

圖片目錄

The publisher and the author apologize for any errors or omissions in the above list. If contacted they will be pleased to rectify these at the earliest opportunity.

緒言

　　有史以來，人類就一直為夢深深地着迷。夢是如此生動複雜而又富於情感，它啟發了無數的宗教運動、藝術表象以及內省的科學理論。所有這些前現代表達都基於一個共同的信念：夢包含着其他任何途徑都不能傳遞的信息。因此，早期的猶太基督教徒們認為，上帝通過某些先知將他的意圖傳遞給人類的信徒。這一觀點是以「牛角和象牙之門」為前提的中世紀夢理論的核心內容。像伊曼紐爾·斯維登堡(Emmanuel Swedenburg)這樣的宗教改革家們能夠在夢中與上帝派來的使者們相會，進而得到建立新耶路撒冷大教堂的指示。

　　早期的西方藝術家們，如喬托(Giotto)，把夢作為先知啟示的圖像表達載體。沉睡的聖徒和牧師們與他們的夢境出現在同一幅畫面中。在現代藝術中，超現實主義者通過他們狂放的畫作表達了「夢是比清醒更為真實的意識狀態」這一信念。薩爾瓦多·達利(Salvador Dali)、馬克斯·恩斯特(Max Ernst)、勒內·馬格里特(René Magritte)都以夢的語言作畫。在這些藝術家中，達利最具超現實主義色彩，恩斯特最具「精神分析」特徵，而馬格里特則最具「神經心理學」方式。

20世紀初最著名的夢研究者非弗洛伊德莫屬，他意欲將自己的精神理論建立於腦科學的基礎上，然而他對大腦的瞭解是如此不充分以至於他不得不拋棄自己著名的「科學心理學方略」，轉而向夢尋求靈感，即後來所謂的動態潛意識。他像之前所有象徵主義先驅們那樣相信夢包含着隱藏的信息，這些信息被精心包裝成精神的一部分，而潛意識無時不在試圖衝破意識的保護屏障。至此弗洛伊德又將夢的理論帶回聖經學者阿爾米多魯斯(Artemidorus)及其他早期釋夢者的時代。

本書在弗洛伊德拋棄自己「科學心理學方略」的地方重新起步，力求在睡眠科學堅實而寬廣的基石上建立一個新的夢理論。為達此目的，我對基礎腦科學研究的發現、睡眠實驗室研究以及睡眠和夢的近期臨床研究進行了簡要的總結。我在全書中使用了大量源於本人夢日記的例子來解釋我們新的夢理論(稱為激活–整合理論)是如何從生理學角度來闡明夢的普遍特徵，而這些特徵以前總是被描述成心理動力因素。屆時，夢的神秘面紗將被揭開，僅剩其內容袒露於世，理解起來無需任何複雜的解釋。

本書主旨在於向讀者展示過去50年裏，一個科學的夢理論是如何誕生和發展的。在這一過程中，本書除為讀者提供獨特機會去重新思索自己的夢理論外，還能讓讀者領略到現代睡眠科學的迷人發現。

第一章
夢是甚麼？

　　夢從何而來？它為何如此神奇而又難以記憶？要真正科學地去研究夢，必須對夢有一個合理、確切的定義，通過這個定義，我們可以正確地界定夢並找到方法去衡量其各種特性。對大腦的研究使人們認識到，夢可能源於睡眠時大腦的激活，定義和衡量夢最科學有效的方法不是去關注夢的具體內容，而應着重於其形式特點，即拋開千奇百怪的情節差異，去探尋夢的感知、認知和情感特性。

　　從內容到形式，這一研究重心的徹底轉變，正是科學家們稱為「思維轉換」(某種理論或模式的快速轉變)的絕佳例子。研究方向轉換到形式上以後，對夢這個司空見慣的現象，我們有了一種全新的視角。以前那些夢的研究者總是千篇一律地重複着同樣一個問題：這個夢意味着甚麼？而我們現在要問的卻是：做夢時大腦的活動與清醒時有甚麼不同？這裏並不是說夢的內容不重要，不能提供甚麼信息，甚至無法解析；相反，夢的許多方面都有着特殊的重要性，能提供豐富的信息，在心理學上也是可以解釋的，但這都

不過是與睡眠相關的大腦活動狀態改變的簡單反映而已，具體內容將在第三章詳加討論。

為了讓讀者對夢的形式和內容之間的差別有更加深刻的瞭解，我從多年來積累的成百上千個自己的夢的日誌中隨機挑選了一個作為例子。我引用了該日誌的全文，以便讀者能對其有一個全面的認識，同時方便讀者將我的夢和你們自己的進行比較。不同的人夢見的對象不盡相同，但我覺得其形式會大同小異。

時間：1987年5月10日

地點：去新奧爾良的飛機上（我正要去參加美國精神病協會年會上一個關於夢的辯論會）

內容：兩天前，一個關於理查德‧紐蘭的夢這是一個關於一場財產維護的噩夢。我有太多的財產要維護。理查德和他的一個朋友似乎在「幫助」我，但我對此表示懷疑，因為他倆既不稱職又粗心大意。

這個夢有很多的片斷，所有片斷都圍繞相同的情感主題：關於保護某些物品的焦慮情緒。

其中有一段是這樣的：我們在丘陵起伏的鄉村散步，目的不明，可能是去往後面提到的那個房子。

一晃我們就到了一個房子裏面，這個房子看起來跟我自己的一點都不像，但在夢裏卻被認為是我的。理查德的朋友在往白色的牆壁上噴藍色的漆（我家的房子根本沒有白色的牆壁和藍色的房間）。噴漆的像

是那種用來給葡萄藤噴硫酸銅，或是用來滅蟑螂的罐狀儀器。突然，油漆噴到了掛在牆上的畫上。

我擔心的事情終於發生了。我大聲呼喊理查德，讓他去制止他的朋友。

由於某種原因，他不得不上樓去關掉機器（儘管那個噴霧器看上去明明是便攜式、完全自控的），而這又花了相當長的一段時間，與此同時，我的畫繼續被糟蹋。

然後，我跟理查德有一段很長的對話，儘管自始至終和我對話的都是理查德，但他的相貌卻在不斷變化：一會兒是侏儒模樣的拿破崙·卡特，有着一張

胖胖的被曬傷的臉；一會兒又戴着中式的苦力帽，面帶着扭曲的笑容；一會兒又變成《仲夏夜之夢》裏那頭小牛(該劇海報上並沒有這頭小牛！)……但是變來變去，就是不像理查德他本人。

在這個長夢中，我難以記起有其他面孔或是另外的任何活動。

這個夢清楚地勾勒了內容和形式之間的區別，在就此進行討論之前，我先介紹一下該日誌記錄時的情形和該夢發生的時間。當時我正在去往新奧爾良的飛機上，準備參加一個盛大的、廣受關注的關於夢的辯論會。我的許多日誌都是在飛機上寫的。我通常在夢出現後的次日早晨馬上將其記錄下來，可這次是過了兩天才寫，所以可能有些細節丟失了。但正如我後面將要展示的，剩下的這些部分已經足以説明形式和內容的區別。

就內容而言，該夢是有關我對我的農場維護的擔憂，該農場位於佛蒙特州北部，自1965年起即歸我所有。理查德·紐蘭的父親馬歇爾·紐蘭是我隔壁農場的主人，長期以來與我有着複雜但融洽而和諧的關係。雖然我們在事情輕重緩急的把握方面存在諸多分歧，但最終還是成功地做到了和睦相處、友愛互助。

對我而言，該夢的意義是顯而易見的：我為自己的財產感到焦慮，擔心它所托非人，因為這些人對自

己的房子都毫不在意。這一特點在心理學術語中被稱為「情感顯露」(或關聯)，由此來理解該夢，不難發現，它不過是關於「安排不善」這一主題的變異形式，而這一主題在我和我大多數朋友的夢境中都反復出現過。我認為不必要也沒有理由把該夢與其他相關主題(如我妻子對佛蒙特州的另一個鄰居感興趣)聯繫起來，而視之為對這些事情焦慮反應的一種隱誨的象徵性表達，具體原因我將在第二章詳述。誠然，能注意到這一聯繫可能是適當而有用的，但它無助於理解該夢從何而來，其喜劇怪誕色彩由甚麼決定，它為何如此難以記憶。

形式與內容的對立

　　想要解釋夢的成因和特點，選擇形式分析的方式是大有裨益的。

　　正如在大多數夢裏的典型表現那樣，我是如此地沉浸於夢境之中，以至於從來不曾想過自己是在做夢。當我看見理查德‧紐蘭和他那身份不明的朋友時，當我看見我的房子(儘管它明顯不是我的)，當我看見藍色的漆噴到牆上時，經歷過這一幕幕的場景，我對所有這些不可能發生的事情全盤接受，而這一切都基於我的幻覺性感知，我對夢中事物的錯覺，以及我極其強烈的焦慮和擔憂。

這意味着我們的心理現實感，無論是正常做夢還是精神病症狀，都是基於感知和感情的力量及我們對感知和感情的看法。內生性的感知和情感是夢的兩個形式特點，而且是最主要的兩個。為了解釋它們為何如此強烈（與清醒時相比），我們或許可以預測：激發情感及相關感知的那部分大腦在睡眠狀態下是選擇性激活的。在第五章中我們會看到這一猜想得到了證實。

我的理查德·紐蘭之夢不僅在感知上逼真，情緒上凸顯，在認知層面上也是相當怪誕的，之所以這麼說，是因為儘管主題保持不變，但時間、地點和人物顯然缺乏連貫性。比如說，理查德·紐蘭的朋友身份不明，再則那個被認為屬我的房子其實根本不可能是我的，還有，儘管回憶和描述得不夠完整，還是能發現夢中的各個場景是相互融合的：我們先在外面散步，然後到屋裏噴漆。最重要的是，我看着理查德·紐蘭的面孔在一系列非理查德的人物形象之間轉換，卻從來不曾質疑過他究竟是不是理查德，或者我自己並未處於清醒狀態而是在做夢，儘管此刻只需一絲的自省意識，我就能意識到自己是在做夢了。

夢的主要認知特點如下：自覺意識喪失、定向穩定感喪失、定向思維能力消失、邏輯推理能力下降，最後但同樣重要的是，夢中和夢後記憶均出現缺失。我的理查德之夢中錯位和不連貫的各種片段是通過聯想得以銜接起來，但這一事實並不能解釋這些聯想之

間的鬆散性。而事實上，那個怪異的噴漆裝置很像某種農用工具，理查德那些變換的面孔中，第一個是佛蒙特州鄰居中的另一個農場主——拿破崙‧卡特；接下來是頭小牛(理查德和他的奶牛場主父親馬歇爾，養了很多小牛)；最後，眾所周知，莎士比亞自己在《仲夏夜之夢》中推崇角色的轉換，讓他們彼此互變甚至是變成動物。

如此極端聯想的加工處理(超聯想處理)是由甚麼引起的呢？弗洛伊德及其追隨者們虔誠地相信：夢的怪誕是對某種不可接受的潛意識願望的一種心理防禦。在1900年，大多數人都認為這一觀點站不住腳，而在21世紀初，它對我們而言仍然是難以接受的。

正如我們預測併發現在快動眼睡眠時與情感及其相關感知形成有關的大腦通路被選擇性激活那樣，我們也可以去尋找並證實那些與記憶、定向思維、自省意識、邏輯推理有關的大腦通路和化學遞質的選擇性失活。

你或許基本滿意這一說法，或者你可能更願相信自己的夢是帶有個人色彩的私密信息。但無論你是否喜歡這種說法，當一旦認識到夢的研究要通過形式化方法，對大腦的研究並非必需時，你肯定和我們一樣失望。單憑常識至少就已經可以斷言形式和內容是互補的。在其他領域，兩者的區別顯而易見：就語言學來說，語法和句法互為補充；拿詩歌來講，韻律和詩

體相輔相成；而在視覺藝術領域，形式和題材相得益彰。那麼，精神領域為甚麼就不能是這樣呢？夢為甚麼不能是這樣呢？夢的形式難道不是構成內容的一個重要因素嗎？

正如我在第二章中將要寫到的那樣，確實有些勇者區分了夢的形式和內容，但他們微弱的聲音被那些釋夢者的鼓噪聲所淹沒。這些釋夢者迎合了植根於人們內心深處的一種需求，即認為夢和所有看似神秘的事物一樣，被一隻仁慈的手賦予了深邃的隱意，只有極少數上帝選定的佈道者才能領會其中奧秘。

夢的定義及如何測量夢

對夢的分析之旅始於對夢最寬泛、全面且無可爭辯的定義：夢即睡眠時大腦的活動。不過，究竟睡眠中的大腦活動有哪些類型呢？實則多多，下面舉例說明：

報告1：我剛一入睡，就感覺到自己在動，彷彿是白天釣魚時海浪輕拍我們的小船那樣。

報告2：我一直在想着即將到來的考試，想着它會包括哪些內容。我睡得很不好，因為不停地醒來，然後又照例陷入對考試的同一思慮之中。

報告3：我在陡峭的山頂上休息，左邊是直垂而下的峭壁。一支登山隊正環繞右邊的小道而行，突然，我不知怎麼騎上一輛自行車，從他們中間駛過。很顯

然，我繞着山頂轉了一整圈（在這樣的高度上），其間居然沒有離開過草地。實際上，修剪整齊的草坪平鋪在岩石和峭壁之間。

儘管內容迥異，而且每一個報告都是其所屬睡眠類型的典型例子，但根據我們寬泛的定義，它們均可稱為對夢的描述。

報告1包含一種內在的感知，海浪給船和船上的人造成律動的感覺。這是剛入睡時夢境的典型例子，尤其容易出現在經歷某種新奇運動後的晚上，例如：滑雪、划船，甚至像羅伯特·弗羅斯特（Robert Frost）的詩歌《摘罷蘋果》中描述的那樣。報告者坐過船後，那種運動的感覺在上岸伊始就已消失，而在入睡時再現，並精確複製了坐船時的身體體驗。稍後我們會更詳細地闡述這種刺激所誘導的夢境，特別是在本書的後面涉及到動作學習的部分。在這裏，我們要強調的是這種剛入睡時的夢境體驗是多麼短暫和簡單。儘管它和報告3一樣，有幻覺的成份，但時間的短暫、範圍的狹窄、除做夢者之外其他人物的缺失和情感的貧乏，還是使這樣的夢顯得內容空洞。有很多剛入睡時夢境的報告比這個更加豐富多變，但仍不免顯得簡短，並缺乏像報告3那樣複雜的情節發展。

報告2局限於思考，或心理學家所謂的認知。這裏沒有感知的架構，因此也沒有幻覺的成份，然而這裏有情感。做夢者為自己在某個測驗當中的表現感到焦

慮，這種焦慮導致了過多的思考，而他在清醒時情形應該也是如此。所描述的思考並非漸進性的。做夢者甚至都沒有演練答卷以便進行適應性調整。像這樣對某事反復思慮的例子多見於做夢者在睡眠早期被喚醒時。如果這些夢是在睡眠實驗室(見第三章)收集的，就會發現它們與大腦活動的低水平有關，這種低水平在我們所說的慢波睡眠(腦電圖上可見)或非快動眼睡眠時很普遍。對於夜間較晚時候的非快動眼睡眠，當其腦活動水平接近快動眼睡眠時，大腦活動的許多特徵就會類似於報告3。

報告3是典型的快動眼睡眠夢例，它生動活潑，富有戲劇性，複雜而怪誕，富於幻想，有錯覺成份，持續時間長，大約是報告1和報告2的8到10倍長(報告1和2都描述了全部內容，而報告3在這裏只截取了其中一小部分)。報告3剩下的內容中還有場景的轉換，從山頂到了馬撒葡萄園島(儘管我還騎着同樣的自行車)，又到了購物中心、飯店、舞會，還有一個教師會議。該夢也體現出夢的一些典型特徵，如人物的不穩定性 —— 我某位同事的妻子看起來是金髮而實際上她的頭髮是黑褐色。那種運動的感覺一直持續着，當我進入失重狀態，沿着一條高爾夫球道滑行時，感覺尤其愉快。舞會上有一支「波羅的海隊」，穿着刺繡的農民服裝，和着喧鬧的樂隊(擊鼓聲分外清晰)踩踏着地板。

報告3內容之豐富和報告1、2內容之貧乏幾乎沒有

可比性，儘管報告2符合更嚴格的夢的定義。

報告3更為詳細地闡述了睡眠期間的精神體驗，具體特點如下：

1. 豐富多樣的內在感知，特別是感覺運動(運動)、聽覺(鼓點)和抗重力(失重)幻覺。

2. 把極不可能(自行車在山頂上？)而且不符合物理原理(在高爾夫球道上失重地滑行？)的事件誤認為真實的。

3. 內容的怪誕，表現為不連續性(6個地點)和人物的不一致性(金髮的褐髮女郎？)。

4. 情感的強烈和豐富(恐懼、興高采烈、生氣勃勃)。

5. 不合邏輯 —— 我能在不離開草地的同時繞山頂一週！

上述三個夢境報告之間的巨大差異是如何產生的，又能說明甚麼呢？前面兩個容易理解，只是做夢者既有的體驗(划船旅行)和對未來的擔心(對考試的焦慮)以大腦活動的形式在睡眠中的簡單反映。在前兩個夢例中，入睡時和睡眠早期殘存的大腦活動足以如實再現很小一部分清醒時的體驗。而夢例3中描述的事件則需要更加詳盡地解釋說明，因為其中的大部分事情都是從未發生過，而且也不可能發生過的。強烈和高度選擇性的大腦激活可以解釋其中的某些方面，例如幻覺性的意象和相關的動作，但這種激活無法解釋夢

的怪誕和邏輯推理的喪失。如果快動眼睡眠期間大腦是全面激活的話，那麼定向力和認知能力應該會增強而不是減弱。這些變化一定另有原因，正是它改變了大腦和思維的整個運行模式。第四章和第五章將會講到，這種模式改變同時受化學介質改變和大腦功能選擇性失活的影響，最終淨效應是與清醒狀態相比，做夢時大腦的某些功能被增強，而另一些功能被削弱。就是這麼簡單！同時又是這麼複雜！

每個人都做夢嗎？

睡眠實驗室裏的所有被研究者在睡眠時都有大腦的激活。睡眠時的大腦激活時相與睡眠者的快速眼動有關。根據這種快速眼動，睡眠時的這一大腦活動時相被命名為REM睡眠即快動眼睡眠。當在快速眼動密集出現時被喚醒，95% 的受試者都報告正在做夢，基於以上證據，一般認為，每個人睡覺時事實上都會做夢，有感覺不做夢的是因為難以記憶。

如果夢境不因喚醒而中斷的話，很少有人能回憶起來。對夢的記憶力差或根本沒有記憶，源於睡眠期間大腦激活過程中的記憶消除功能。當睡眠期間大腦被激活時，負責短時記憶的化學系統被徹底關閉，除非此時被喚醒，使這些化學物質重新為大腦所用，否則想回憶夢境會極其艱難。

有關夢的資料是如何收集的？

前面提到的那些關於夢的報告都是我本人的。我在家或在旅途中把它們寫進了私人日記，這些日記現在已經多達116卷，涵蓋了我過去25年的生活，包括300個以上的夢境記錄。像這樣的夢境報告優勢明顯：廉價易得，數量多，至少對我來說，其真實性毋庸置疑。儘管我只有在讀到這些報告的時候才能回憶起這些夢來，但在這些報告裏我能看出本章所強調的那些顯著的形式特點。

不過，這些報告確實有其相應的缺陷，夢的科學要想具有普遍適用性就必須克服這些缺陷。為了檢驗我的發現的普遍性，也為了確保我不是在編造一些夢來使之符合我的理論，我們需要從多種途徑和多個個體且在多種不同條件下收集夢的報告。在得到最終結論之前，我們所分析的這些夢的資料，都是來源於其他人的夢境日記、睡眠實驗室和家庭研究中獲得的報告。

其他夢境日記

到目前為止，我找到的最好的一本夢境日記叫做《火車人夢之記》，它的作者是一個鐵路迷。我之所以喜歡它，是因為它記錄於1939年（當時我只有六歲），不可能被我的理論影響。另一點讓我喜歡的是，它描述詳盡且少有解讀，有些地方甚至還配有簡單但

富有表現力的圖畫。考慮到我和「火車人」都是男性這一事實，我們又從女性同事和學生那裏收集了一些日記來作為對照。所有資料都顯示出夢與意識清醒狀態在形式上的顯著不同，正如我一直強調的那樣。

睡眠實驗室報告

感謝我們的同事米爾頓‧克雷默(辛辛那提大學)和約翰‧安特羅伯斯(紐約城市大學)，還有我們自己的睡眠實驗室團隊，通過實驗性喚醒研究對象，我們共收集到了超過1,000份的夢境報告。

據我所知，睡眠實驗室喚醒方法使夢境報告的特點至少發生了兩方面的變化：

1. 它們帶入了與實驗室條件相關的想法、感情和感知，但這對夢境的幻想、錯覺和怪誕沒有影響。

2. 它們增加了夢的回憶率，也改變了回憶起來的夢的自然特性。例如：被人為喚醒後報告的夢裏，正性情緒增多，這意味着，我們入睡後一般先是做那些令人愉快的夢，而那些不愉快的夢則多半會反過來喚醒我們，並傾向於負性情緒。

睡眠實驗室報告的主要缺點在於獲取的費用太高，而且實驗對象幾乎全部趨向於年輕人，因為實驗室所在地附近的大學學生容易招募到。最後，由於費

(a)

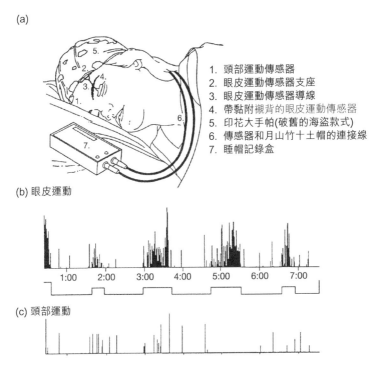

1. 頭部運動傳感器
2. 眼皮運動傳感器支座
3. 眼皮運動傳感器導線
4. 帶黏附襯背的眼皮運動傳感器
5. 印花大手帕(破舊的海盜款式)
6. 傳感器和月山竹土帽的連接線
7. 睡帽記錄盒

(b) 眼皮運動

```
1:00   2:00   3:00   4:00   5:00   6:00   7:00
```

(c) 頭部運動

圖1　根據受試者帶睡帽睡覺的照片繪製的白描圖，以及睡帽輸出數據及其分析。第一條描記線：眼皮運動分佈圖；第二條描記線：睡帽輸出數據經計算機判讀的睡眠結構圖；第三條描記線：頭部運動分佈圖。

用問題，每個受試者所能給出的夢境報告數量有限，沒有一個睡眠實驗室裏的受試者提供的夢境報告數能與「火車人」的256個或我的300多個相匹敵。

有生理學指標對照的家庭式報告

　　為了最大限度地獲取睡眠科學兩個方面的資料，我們設計了「睡帽」，這是一種家庭式的睡眠監測裝置，借助這種裝置，我們可以知道在受試者報告的夢境之前他們處於何種睡眠狀態，可以比較自發覺醒和實驗室喚醒所得結果的不同，可以從每一位受試者身上獲得大量的信息，最後也是最重要的，可以獲得在自然狀態下的報告（圖1）。通過這種辦法，我們得以實現之前從未獲得的兩大成果。

　　第一個是我們可以從入睡、非快動眼、快動眼三個睡眠時相中的任一時相獲得大量的報告；另一個則是可以在白天給受試者配備家庭傳呼器，動態監測他們在兩種醒覺狀態下的信息。這樣的話，同一個受試者既可給我們夢的報告又可給我們意識清醒時的報告。我們要把對大腦活動的理解擴展至清醒狀態，要獲得同一個體在清醒與睡眠時的具有可比性的的定量數據，最後這一點至關重要。

小結

　　描述、定義和測量意識狀態的兩極 —— 清醒和做夢，本是腦科學的第一要務，但直到最近這一任務才被提到一個重要的位置，想來真是有些諷刺。儘管藝術家和詩人們長久以來對這一領域傾注了極大的熱

情，對意識狀態之間的差別也給予了適當的評價，但科學家們卻避開了這一研究課題，因為他們沒有客觀方法去測量主觀的體驗，而主觀體驗又被認為是不可靠且難於處理的。但沒有甚麼能夠替代把主觀體驗作為研究資料這一對人類意識狀態的直接研究辦法。解決這個問題一方面要依靠技術手段，我們現在擁有實驗室和現場研究方法，可以建立大腦活動和精神體驗相關的指標。另一方面則涉及概念：集中於研究精神活動狀態的形式，而拋開那些令人紛擾的精神內容方面巨大的個體差異。在第二章中我們會看到，清醒和做夢之間的大部分重要差異，都可以通過形式分析解決。靠分析內容來解釋意識狀態之間的形式差異是一個不可能完成的任務，而今，這一重擔終於可以卸下了。

第二章
夢的內容分析為何沒能成為一門科學

　　如第一章所述，儘管在夢的形式分析方面曾有過一些重要的先驅者，但大多數夢學的理論家們更偏愛關注夢的內容。深為夢顯而易見的不可思議所困，這些理論家們設想有某種圖像符號或一套轉換規則(算法)可以把夢境深潛的含義以象徵、隱喻和感性術語表達出來。無論是為了醫學診斷(古希臘人)、算命(阿爾米多魯斯的著作)、宗教預言(《聖經》)，還是進行心理占卜(西格蒙德‧弗洛伊德[Sigmund Freud]的原始科學架構)，釋夢從來都是內容分析的主要目的。

　　鑒於弗洛伊德的生活時代和時代精神都與我們如此相近，但我們以大腦為基礎的理論和他的又如此不同，本章將着重討論他在《科學心理學方略》和《夢的解析》中建立起來的精神分析模型。弗洛伊德渴望他的心理學有一個堅實的腦科學基礎，這在今天已非難事，但在一百多年前，要做到這一點還為時過早。正因如此，他被迫轉向了思辨哲學這一以內容分析為主體的前現代夢學理論的通用工具。弗洛伊德的內容分析體系和現代理論的差別如表1所示。

表1　弗洛伊德理論和激活─整合理論的區別：兩種模型對夢的狀態改變
　　　給出了不同的解釋

夢的現象	精神分析	激活─整合
誘因(動機)	被壓抑的潛意識願望	睡眠期間的大腦激活
視覺表象	退至感覺層面	高級視覺中樞激活
錯覺	初級加工思維	DLPFC失活導致工作記憶喪失
怪誕	願望的偽裝	超聯想的整合
情感	對自我的次級防禦反應	邊緣系統的原發激活
遺忘	壓抑	器質性(生理性)失憶
意義	相當含糊不清	清晰，明顯
解析	需要	不需要

DLPFC 背外側前額葉皮層

　　對所有前現代夢境內容分析家們來講，夢者所經歷的夢境並非它表面上看起來的那樣，而是機體生病後一種異常的信息輸出(古希臘的析夢診斷)，或是上帝關於未來的神諭(阿爾米多魯斯所謂的異教徒或《聖經》中的猶太─基督)。弗洛伊德則採用了「信息異常」這一觀點，並表現得像一個擁有高超心理技巧的頂級牧師，可以告訴病人一些他們本不可能知道的關於他們自身的事情。上述的所有這些體系，包括精神分析，本質上都是基於對某種神秘力量的篤信，這種神秘力量可以發出秘密指令，唯有借助能夠解讀這種信息的人的介入才能理解這些指令。

　　這些觀點的滋生是基於一個普遍的假設，即某種超自然的力量──上帝或神，創造了並維繫着人類及

其生存的世界，創立了世間萬物的雛形，並因此得到人們的感恩戴德。儘管弗洛伊德是一個公認的無神論者——他對宗教的排斥實際上是一種恐懼——但他還是回到了神秘力量這一觀點上，他相信有一種動態的潛意識在與意識進行着持續的較量。在夢中，這一競爭變得像戰爭一樣，所以意識被迫借助極端的防禦以避免被征服。

從更深的層次來說，所有內容分析體系在本質上都是兩極分化的，即總存在兩股力量——我們和他們、身體和靈魂、自我和本我、大腦和精神。從夢的內容解析到形式分析的轉變證明這種架構發生了部分改變，即引入了如下哲學觀念：物理世界是唯一真實存在的世界，大腦和精神是緊密相連、不可分割的，而做夢是意識的一種特殊形式，為睡眠時的大腦狀態所引發。為對弗洛伊德公平起見，我們必須承認：他確實知道(或者和我們一樣虔誠地相信)上述情況是事實，只是那種解析的傳統力量過於強大和誘人，使他難以抗拒，尤其是他當時對大腦還幾近一無所知。

然而，當看到如此多的夢學理論家無法領會夢的形式理論時，我們還是不免感到驚訝。當萊奧納多·達·芬奇(Leonardo da Vinci)問：

「為甚麼我們看同一樣東西在睡夢中要比清醒時更加清楚呢？」

我們期望這位偉大的天才能提供這樣一個大膽推

夢能預測未來嗎？

從遠古時代開始，夢的神秘性——我們現在知道主要是由其形式特點決定的——就使人們相信夢是來自另一個世界的信息。夢被看作是預言性訊息，經過適當的破譯，就能讓我們預測未來。

沒有任何科學證據完全支持上面的理論，但也沒有明顯的科學證據反對它。確實，當個體面對傷心事，如為可能失去生病的親人感到憂慮時，他會更多地夢到自己的親人而非其他。我們從對清醒夢的實驗研究中可以知道，僅因為在睡前想着某個主題就可能改變夢的內容。因此，當親人的生命受到威脅時，夢到他或她就完全不是甚麼稀奇的事了。如果夢者醒後打個電話，發現親人死了，就認為那個夢是死亡的先兆，這也可以理解。但這是錯誤的，它不過是種巧合：一個人正常地對某種狀況深感憂慮，而他害怕看到的事情正好發生了。

我們可以把這個問題反過來：有甚麼科學證據可以證明夢的出現具有預言性。答案是我們需要做一些所謂的前瞻性研究，亦即，我們按照個體的夢中生活對其進行抽樣調查，並讓一些對這些個體及其夢境一無所知的評審者找出夢中事件和真實生活事件之間的預見性或一致性。但這裏有個問題，相信夢境預言性的個體常常會舉出一兩個「命中」的典型例子，而他們從來不會告訴你他們做過多少與實際發生的事件並無聯繫的預言性夢。要對夢的預言進行科學的研究，我們需先積累一些信息，看看夢和清醒現實之間的巧合有多普遍。但在我們找到證據之前，最好認為這個假定是錯的。

測但又充滿自然主義色彩的答案：

「因為大腦的視覺成像系統在睡眠時被選擇性激活了！」

當莎士比亞將「我做了一個非常古怪的夢，真是匪夷所思」歸咎於認識的根基時，他為何不繼續下去，通過如下假定來終止這一循環：

「由於睡眠期間，大腦的記憶機制受到嚴重干擾，那些本來只有在精神錯亂時才會出現的荒誕精神體驗就不可避免了。」

實際上，夢很像某種形式的精神錯亂，這一相似性正好可以為大腦創造夢的過程提供某些線索。頻繁的視幻覺(在感知方面)、定向的錯亂及短時記憶的缺失(在認知方面)結合在一起讓諸如西格蒙德·弗洛伊德和卡爾·榮格(Carl Jung)等醫師們認識到，夢境最易激發的精神疾病是譫妄，這是一種由於酒精或藥物中毒、缺氧(血液循環障礙所導致的大腦供氧不足)、急性顱腦外傷等引起的急性腦功能紊亂性精神疾患。榮格曾說過：「喚醒一個正在做夢的人，你就能看到一次精神病發作。」這很正常，但你會看見甚麼樣的精神病呢？答案就是譫妄。這一事實說明必須有大腦功能的巨大轉變才能導致精神狀態發生如此改變。在第七章，我們將回到這個話題上繼續討論。

關於精神狀態，我們需要注意兩個重要的方面：一個是現象學的，一個是方法論的。在現象學方面，

「精神狀態」意味着整體性，當精神狀態改變時，精神活動的每一個方面都會發生改變。想要使精神狀態發生全面改變，最簡單的方法就是來一次大腦狀態的全面改變。在方法論方面，精神狀態的臨床評估一般是通過所謂的精神狀態檢查來完成，它綜合了神經病學和精神病學的知識，是針對大腦功能的綜合性量表，而這種腦功能又可以為大腦的器質性病變所擾亂。腦器質性病變指由身體狀況異常而非精神狀態改變所致的大腦疾病。

要想把夢科學的深遠寓意引入到廣義的意識科學中去，先來考慮一下精神狀態檢查的下述類目：

+ 意識：清醒還是模糊？
+ 注意力：集中還是分散？
+ 智力：敏銳還是遲鈍？
+ 感知：外在驅動還是幻覺？
+ 認知：邏輯性的還是非邏輯性的？
+ 情緒：穩定還是不穩定/失控？
+ 記憶：好還是壞？
+ 抽象：象徵性的還是具體有形的？

儘管上面只是很不完整的一部分條目，但足以使我們認識到，沒有把精神狀態的概念及其檢查方式應用到夢和夢境分析中來確是考慮欠妥。

以下這個例子將有助於我們理解做夢時精神狀態改變的整體性。

1981年3月9日　紅色汽車　第16號夢例

我正在努力組織一隊人馬出發。我在某個山腳下靠近水的地方，找到了其中的一個成員，敦促他趕快上山到出發的集結地去。

突然，也可能一直都這樣，他坐在一輛紅色汽車裏，從我身旁一路駛上山。奇怪的是，車的前半部分包括司機本人，都在地底下，但車走得很平穩，地面也沒有裂開。

我們爬山的時候，車子跑在我前面，我努力想趕上它，但無濟於事。然後，車從左拐到右，徑直撞上了一堵牆——前半部分依然在地下。我在想司機的頭會不會在撞車時受傷。

場景突然變了。

我在一間更衣室裏，向我的兒子伊恩走去，他受傷了。一開始，他的雙腿看起來像是從膝蓋以下被截

斷了，我感到十分恐懼。當我逐漸走近的時候，我發現原以為是殘肢的東西實際上是他沾滿血污的護膝（鮮紅的血，就像那輛車一樣，他在笑着而不是哭），我於是釋然了，並從夢中醒來。

我的意識非常清楚。事實上，我用一種超現實的強度觀看並感受着夢中的一切，這種超現實的強度一定能取悅安德烈‧布列東（André Breton）和達芬奇。強烈的幻覺性感知牢牢地控制了我的注意力，當那輛半埋在土裏的車衝上山撞毀的時候，我只能入神且充滿恐懼地旁觀，儘管我竭力想要制止它。這種驚恐害怕的感覺在場景轉換到更衣間時還繼續存在，直至看到我的兒子安然無事時我才鬆了一口氣。雖然沒有明確提到，但在夢裏，我的認知是有缺陷的，邏輯推理也極差。那輛車怎麼可能像我看到的那樣半埋在土裏開動而不破壞地面呢？只能用「眼見為實」來解釋了。

我的紅色汽車之夢揭示了另一種聯想，一種具有高度情感顯露特徵的聯想。我的兒子伊恩曾在車禍中嚴重受傷，他的一條腿險些沒保住。所以，我的關聯性記憶很自然地把那個紅色汽車的撞車事件與我兒子伊恩聯繫起來。但是（一個大大的但是！！！）我在夢中看到伊恩時，他所在的地點，並不是事故發生當時他真正所在的醫院。而且他當時只傷了一條腿，並非雙腿受傷。這種夢境情節與個人經歷的長時記憶（即心

理學術語中的情景記憶)相背離是很典型的，需要作進一步解釋。情景記憶可能為夢境內容的情節建構提供有用的片段，但是它並不能提供那些在清醒時很容易記住的細節。這是為甚麼？究竟發生了甚麼？我們不該忽略這樣的情況，因為沒有甚麼比弄清記憶是如何工作更迫在眉睫的了。這意味着夢的科學是一系列用於理解記憶形成的潛意識層面的規則，但這裏所說的並不等同於那些分析夢境內容的理論家們所指的規則。

將第一章的啟示擴展一下，現在夢的科學需要對精神狀態的眾多亞型進行更為仔細的考量。表2給出了這些亞型分類的列表及神經生物學的相關解釋。既然我們幾近偶然地發現了一個現在看起來顯而易見的事實，夢的怪誕是定向錯亂的一種反映，我們還想要知道更多關於其他記憶功能的東西。陳述記憶和/或情景記憶是否參與了夢的情節建構？這種參與是在甚麼條件下，又到了何種程度？「陳述」、「情景」這些詞涉及到與個人經歷或歷史事件有關的特殊記憶，例如：我上週末去了波士頓，這種記憶與「語義」記憶形成鮮明對比，後者包含的是一般事實，如波士頓是馬薩諸塞州的首府。另一種類型的記憶是「程序」記憶，如我知道如何開車去波士頓。

那麼思維又如何呢？我們已經知道，在夢境中思維受到了抑制，即使確實出現思維活動也是收效甚微。

在那些為夢的形式理論(大腦狀態等同於精神狀

態）作出貢獻而未曾被廣泛頌揚的英雄們當中，浪漫主義運動人物——戴維·哈特利（David Hartley）的形象隱隱浮現，他生活在19世紀初，以英國聯想主義之父而聞名於世。聯想主義宣稱：物體、人物、觀念等，乃至內容的每一分類之間都有着絕對相似性，而記憶正是根據這種絕對相似性整合而來的。第一章我的理查德·紐蘭之夢中有一個很好的例子，就是往畫上噴漆和往葡萄藤上噴硫酸銅之間的聯想性關聯。儘管目的迥異，但過程相似——如果想用液體來覆蓋一大塊表面，那麼把液體變成微小的顆粒，再通過某種增壓霧化系統噴灑出去是相當有用的。紅色汽車之夢中有另一個例子，就是那個幻想的撞車事件和我兒子的車禍之間的聯想。

夢的精神分析理論為何會失敗？

當弗洛伊德創造了「日間餘思」這一名詞並稱之為夢刺激時，他一定也想到了情景記憶摻入的片斷性。但是後來對夢的記憶來源所作的科學研究顯示：就連這個觀念也是錯誤的。根據托雷·尼爾森（Tore Nielsen）的資料，對某個給定夜晚的夢境來說，它之前那個白天的記憶在已完全確認的記憶來源中摻入的程度是相當低的。其參與度隨時間回溯而增加，至做夢前的第六天達到頂點。根據法國神經生物學家米歇

表2　清醒和睡眠意識之間差異的生理基礎。第三欄中列出的因果假設將在本書的後面部分予以解釋。

功能	差異的本質	原因的假設
感覺傳入	阻斷	突觸前抑制
感知(外源性)	消失	感覺傳入阻滯
感知(內源性)	增強	儲存感覺呈遞的網狀系統去抑制
注意力	喪失	胺能調節下降
記憶(短時)	消失	由於胺能解調，激活的呈遞未被儲存在記憶中
記憶(長時)	增強	儲存記憶呈遞的網狀系統去抑制使得與意識的聯繫更為便捷
定向	不穩定	內源性間斷的定向信號由膽鹼能系統激發
思維	推理尤其是邏輯的嚴密性削弱，超聯想的進程	注意力、記憶、意志喪失導致程序化的失敗和規則的不連續性，類比替代了分析
自知力	自省力消失	注意力、邏輯性、記憶的喪失致二級和三級指令的傳遞弱化
語言(內生的)	虛談的	胺能解調使描述的合成不受邏輯限制
情感	階段性增強	大腦中杏仁核及相關顳葉結構的膽鹼能過度刺激引發了不受胺能抑制調節的情感風暴
本能	階段性增強	下丘腦和邊緣前腦的膽鹼能過度刺激啟動了固定動作運動程序，這一程序可以被模擬體驗而不需付諸實踐
意志	弱	能力難以抗衡去抑制的皮層下網狀結構的激活
輸出	阻斷	突觸後抑制

摘自艾倫·霍布森和愛德華·佩斯–肖特，《基礎神經科學》第二版，2002年11月

爾·朱維特(Michel Jouvet)的夢例數據，參與度的峰值出現在夢前第七天，而且從不包括那些與他剛剛到過的地方有關的內容。這對那些強調近因以及情感顯露的理論，都是一個不小的意外。

弗洛伊德的研究成果有兩個致命的科學缺陷，都是他的巧言雄辯難以掩飾的。一個是相關腦科學的缺失，他本人也很清楚這是必不可少的，並且終有一天會迫使他的理論作出修正。關於這一點，他不應該受到責備，因為他也是所處時代的產物，而他的雄心已使他超前於自己的時代整整一個世紀。但既然他曾接受了作為生物學家的教育，我們就可以不失公正地發問，他為何像旁觀者一樣粗心大意？他所掌握的資料為何如此有限？他的關注點為何如此狹窄而僵化？

僅就數據而言，弗洛伊德並未嘗試從自己以外的人那裏收集夢例，積累的夢境報告也是數量極少(在他《夢的解析》一書中，700頁裏只引用了約40個例子)，而且都是片斷性的(字數不到100，比現代大多數樣本少很多)。在19世紀90年代，和今天一樣，想要收集一個廣泛而有代表性的樣本，並把這個數據集視為整體，而不是用弗洛伊德那種零敲碎打、先入為主且頗具爭議的方法去逐個研究，其實並非難事。

弗洛伊德的學識在他詳細討論20世紀以前的科學文獻時顯露無遺。但是，在論述他人作品時，他總是製造爭論、心存排斥，而不能保持公正客觀、平和的

心態。在很多情況下，他嘲弄性的批駁看似合理，但作為一個深知大腦重要性的人，他在對待像威廉·馮特(Wilhelm Wundt)(他正確地假定做夢時大腦的某些功能如視力選擇性增強，而某些功能如記憶、邏輯則選擇性衰退)這樣的天才巨匠時，卻表現得那樣目空一切。對弗洛伊德來講，認為「夢的內容都是無意義的亦即無理由的聯想」的觀點該被唾棄。他於是認為，馮特關於「夢的怪誕特性反映了鬆散相連的內容之間無序混亂的關聯」的想法也是錯誤的。

弗洛伊德忽略了兩個重要的先驅。一個是戴維·哈特利，他把夢的怪誕特性歸因於聯想太多，並建立了一套功能理論以配合自己的假說——一個很有可能是正確的假說。夢，對哈特利來說，其功能在於讓聯想變得鬆散，否則它們就近於妄想性偏執。「那就是精神錯亂，」哈特利宣稱。當然，夢是一種超聯想狀態(亦即一個各種聯想大量產生的狀態)，如果弗洛伊德能在急於釋夢之前先審查一下夢例，他也能很快得出上述結論。

第二個偉大的先驅是馮特的老師赫爾曼·赫爾姆霍茨(Herman Helmholtz)。他還啟發了弗洛伊德的啟蒙者——赫爾曼·繆勒(Herman Muller)，並為反活力論思想的建立作出了貢獻，而弗洛伊德的理論正是植根於反活力論思想的時代。當在其經典著作《生理光學》中討論到夢時，赫爾姆霍茨就是從形式的角度去

分析幻覺運動。正如赫爾姆霍茨指出的那樣，貫穿夢境空間的那種自體運動感覺是夢最顯著的形式特徵之一。今天，當我們提到「感覺運動幻覺」時，我們只是在引用赫爾姆霍茨的觀點：睡夢中的大腦能夠非常逼真地模擬運動行為。赫爾姆霍茨認識到，這意味着清醒時的運動控制一定具有高度的可預測性。他還詳細闡述神經系統創造了其所預測的運動結果的影像。這一觀念即所謂「傳出複製假說」已在運動生理學中打下深深的烙印。當且只有當我們能夠預測和投射一個動作輸出的影像，我們才能有效地運動。這種看似神奇而毫不費力的夢中運動(以我的失重滑行和某些清醒夢者的飛行模式為證)源於睡眠時運動模式自啟的、閉環式的激活，而這種激活可被我們自身感知並加以完善後輸出。當然，這意味着大腦中各種運動模式發生器的激活，現在已有很多證據支持這一點。

對於飛行的夢，可憐的老弗洛伊德能做的只有爭辯說它們代表轉移的性欲。你可以回憶一下，弗洛伊德的文字遊戲，即潛意識願望和需要被封存在潛意識之中的性欲望，在睡眠使自我弱化時，逃脱了潛意識監督的抑制。現在，這種性衝動可以自由表達了，但它們如果不經過那種愉悦的但非性幻想的飛行的偽裝，感知到這些被禁欲望就會將夢者喚醒。弗洛伊德從未提及過自己的性夢，或許他從沒有做過或是完全沒有記憶，但這是不可能的。而且，任何一個他的研

究參與者或病人，都應該告訴過他：愛做帶有性高潮的性夢的人，正是那些同樣愛做飛行夢的人。我現在進行的這種討論被批判為「反弗洛伊德運動」，飽受很多精神分析狂熱支持者的抨擊。確實，我堅決質疑弗洛伊德理論，但這只是因為我們還都處於接受某些續慣的心理學釋夢理論的危險之中，而這些夢象的生理機制所包括的心理學內涵很可能與我們現在所能想像的大不相同。例如：我們可能在夢裏經歷一些奇特的動作，包括性動作，以更新那些對生存至關重要的動作程序。我們也可能把夢看作是以情感顯露或重要記憶為手段，為修正那些程序所作的努力。例如我兒子的事故就是我自行車之夢的一個重要方面。事實上，在我們阻止他騎自己那輛電機受損的車之前，他曾遭遇過另一次嚴重的事故。伊恩的自行車事故深深扎根於我的記憶裏，時時警告我事故可能再次在我和他的身上發生。

聯想真的能夠無所依託而自由存在嗎？

聯想之所以成為聯想，是因為之間存在有意義的關聯。而這些關聯的意義，是由引發它們的場景及其歷史淵源共同決定的。所以，弗洛伊德這個無神論者，由於其獨裁式的思維，註定要創造一種新的以自己為最高領袖的狂熱信仰，他也因此註定要為其病人

夢境的內容作出某些聯想的暗示，即使他得拼命讓自己與催眠術劃清界限並逃避對暗示的批評。這一點在他對癔症病人的研究中體現尤為突出。他已經認識到這種病人具有高度的可催眠性。同時還從1885年在巴黎薩爾佩特里艾爾(Salpêtrière)醫院的經歷中知道，神經病學家皮埃爾·雅內(Pierre Janet)和讓–馬丁·沙爾科(Jean-Martin Charcot)可以從癔症病人那裏得到他們想要的任何結果，尤其是在醫學教學的階梯教室那種戲劇性的場景中。

弗洛伊德認為讓病人躺在躺椅上(建議處於睡前放鬆狀態)，而自己坐在病人身後(消除人為因素的影響)，就可以避免對內容作出暗示，回想起來，這種想法真是太幼稚了。入睡是大腦夢幻活動尤為頻繁的一個時期，這種夢幻狀態可以隨意摻入任一局部狀況。而最遲到1910年，任何病人，不管是否為癔症患者，都應該知道弗洛伊德通過「各種聯想」期待甚麼樣的結果。現在假記憶現象已經廣為人知，我們輕而易舉就能看出弗洛伊德的「科學」預警對他產生了怎樣的毒害。為了避免重蹈覆轍，我們需要比弗洛伊德更富有批判性和普遍性。

要想從自我應驗預言的控制下把夢境形式分析法解放出來，就應該對心理學解釋不存先入之見，反對任何公式化的解析法，拒絕任何不夠直白且與生理學無關的解釋。這意味着我們必須將目標降低，不能像

弗洛伊德期望的那麼高。本書在第十一章還將說明，夢的很多方面還是我們現在無法解釋的，儘管像本書努力闡述的那樣，夢的很多內容可以通過形式分析法進行解析。對那些還不能解釋的方面仍需假以時日，但以該領域目前的發展速度來看，這種等待不會太久，而且也是值得的，因為我們終將得到弗洛伊德夢寐以求的 —— 一門洞察秋毫、確定無疑的心理學。

大腦－精神相形論及夢的科學

「相形論」這個詞意為形式或形狀的相似，大腦－精神相形意味着精神活動的每種形式都有類似形式的大腦活動。因此，如果我們監測到一個夢境，就能夠找到一種相應的大腦活動。做夢的時候，最簡單的例子就是腦的激活。要想解釋睡眠中意識的覺醒，我們應該可以找到一個相似的(當然不一定是相同的)大腦覺醒。在第三章中將看到，我們確實找到了，大腦的電活動在睡眠中被激活的同時，意識也開啟了。就這麼簡單。

下面這個更詳細的例子可以證實我們的觀點。當我們研究睡眠中的大腦時，如果我們發現生理學證據表明記憶系統是失活的，就可以預期記憶力在做夢時發生了變化，夢會變得難以回憶。我們已經知道後一個預測是真實的，只是還不能準確說出到底有多真

實。而前一個預測卻很少被接受。難道我真的不能在做夢時運用自己的情景記憶嗎？這會影響夢的內容嗎？

選擇這些例子是為了強調大腦–精神相形論中的兩個重點。第一個是從大腦映射到精神和從精神映射到大腦是同樣富有成效的。第二個是我們必須謹慎選擇兩者的適當層面，以便將我們相形性分析的努力集中於此。開始時，而且現在基本上仍處於開始階段，我們會發現整體的、具有心理學普遍性的層面會比具體的、具有心理學個體性的層面更易有所收穫。心理學研究在個體差異方面從來都所得甚微，就是這其中又能有多少是真實的呢？關注相應的形式特點，應該成為科學理解夢的通行做法，儘管這可能會使期待釋夢算命的你大失所望。本書後文中我們會看到它是如何被用來幫助解析個體的夢，從而使夢的解析這一不可能完成的艱巨任務成為可能，並有助於我們去認識夢裏那種常見的十分清晰的情感顯露。

第三章
睡眠狀態下大腦是如何激活的？

　　意識清醒度在睡眠狀態下如此快速而急劇地下降，以至於我們自然而然就作出這樣的推測：在入睡時大腦只是簡單地關閉，於覺醒前重新開啟。確實有部分人整晚都睡得很沉，忘乎一切，不受干擾，但也只是部分而已，絕不可能人人都會如此，而且也沒有任何一個人總是能夠睡得那麼好。人生中總會有生活變故或壓力應激的階段，而此時的精神活動似乎整夜不斷。這是否會導致我們在這些時期難以入眠呢？或許是的。那麼夢又該作何解釋呢？在這麼一個沉寂的大腦裏邊，怎麼會出現如此複雜而又興奮的精神活動呢？

　　關於這個問題有各種各樣的錯誤答案。由於夢的記憶通常不盡如人意，而且需要不斷從睡眠中覺醒，所以很多科學家──包括弗洛伊德本人──都錯誤地認為夢只出現在覺醒前的一瞬間。現在知道夢確實可以出現在正要覺醒時，並且我們還注意到夢的刺激可以令人不快以至於引起覺醒，這就引出了另一個錯誤的觀念，即所有的夢都是不愉快的，即都以負性情緒如憤怒、焦慮、恐懼等為特徵。還有一個錯誤的理論

認為夢的產生是對外源性感覺刺激的反應，這種刺激強到可以激活大腦，但又不足以引起覺醒。我們也承認火車的呼嘯聲、消化不良、配偶的晚歸等確實能影響夢的內容，但這種影響並不那麼頻繁。即使它們確實進入了沉睡中的大腦，夢也不會依賴這樣的刺激。

現已證明大多數的夢境都發生在看似平靜的睡眠狀態下，是大腦激活這一內在機制的作用結果，它在我們每個人漫長生命中的每個夜晚都發揮着作用。本章的目的就在於描述睡眠狀態下大腦的激活是怎樣被發現的，它是如何逐步引發夢從內容解析到形式分析這一思維轉換或策略轉變的，而後者正是我前面兩章的主題。在開始我們的闡述之前，有必要鄭重申明，人們花了整整半個世紀(1900–1953)去發現睡眠狀態下大腦激活這一事實，而我們又花了50年(1953–2003)來接受這一事實，但現在仍然有很多老頑固不肯放棄自己的無望幻想，死守內容分析所提供的對夢的解析。

睡眠狀態下大腦激活的發現為何用了如此漫長的時間？

我們傾向於認為是技術發展的緩慢阻礙了夢科學研究的進展，而事實上這不過是某些人用來保全體面的幌子而已，因為他們在概念上如此盲目，以至於無法設想本能得出大腦激活結論的簡單實驗。正如米歇爾·朱維特在小說《夢的城堡》中描述的，我們所吹

噓的那些20世紀的睡眠科學發現，其中的大部分本可以通過最有用的科學手段更早發現，那就是直接觀察。對嬰兒和兒童的睡眠進行直接觀察尤其容易實現，因為他們能夠通過行為最形象地揭示快動眼睡眠時的大腦激活。

人們總是在幾乎就要發現大腦激活這一事實時與其失之交臂。那極少數有足夠興趣去做一些類似睡眠或夢實驗的科學家，總是在研究中擾亂受試者的睡眠，而非純粹地觀察他們——用自己的雙眼去觀察週期性出現的臉部和眼睛的小動作以及隱約的哭像、陰莖的勃起、肌張力低下、脊髓反射受抑，還有許多其他自主或自動調節的生理指標(如呼吸快慢這一簡例)。這些學者，其中大部分是法國人，所關心的是夢的誘導，通過在受試者的鼻子下打開一瓶香水，是否能誘導受試者夢到某種特殊的氣味？根據他們的實驗結果答案是肯定的，但非常、非常困難。而與此同時他們也錯過了觀察自然睡眠的機會。

誠然，沒人會認為整晚熬夜去觀察別人睡覺是一件趣事，即使這樣做可能帶來重大發現，也還是需要非同尋常的動機和些許自律。如果弗洛伊德曾設想過夢中的行為可以被觀察到，他篤定會有十足的動機去這樣做，他本可很快發現要做一個敏銳的觀察者，所需要的不過是在白天睡覺而已。而他本可以除了觀察甚麼也不做，更不必為暗示感到恐懼擔憂了。

在現實中甚至比上面説的還要簡單。任何想要直接觀察快動眼睡眠行為的人都可以通過觀察同床而眠者達到目的，尤其是利用淩晨一兩點鐘的時間。最方便的莫屬夏季度假的時候，在黎明的微光中，可以看見角膜凸起部在緊閉或半開的眼瞼下來回滑動，眼瞼本身也會偶發舞動或顫動，此時，只需在夢者肩上輕輕一拍，然後問他腦子裏正在想甚麼。在這種非正式情況下進行觀察和在大學裏的睡眠實驗室做實驗一樣，最好要取得被觀察者的知情同意，但別因為這一點阻礙了你的觀察。

　　如果找不到一個願意合作的同眠者，也可以觀察你姐姐的小寶寶或是其他人的寵物貓或愛犬，這會體驗到同樣驚喜的發現。當然如果你想要問它們是否在做夢，不要奢望會得到任何回答。不過既然你已經知道成為大腦激活的睡眠最流行名字的快動眼睡眠是內部激活機制的直接反映，你就可以自己回答這個問題了。但這並不是説做夢只發生在快動眼睡眠期間，絕不是！快動眼睡眠只是碰巧提供了夢境產生的最理想環境。

　　在第四章，我們將探討做夢時的大腦，這一問題到目前為止只有我們的動物實驗合作者才能回答；在第五章，我們將考慮充足的快動眼睡眠產生對所有新生哺乳動物具有的意義。在這裏我的觀點相當簡單且客觀。任何自然史研究所作的第一步努力都是安靜、

仔細地觀察和全面、系統地記錄。有點令人尷尬同時又頗具啟示意義的是，1930年之前所有致力於睡眠或夢科學的研究者中從沒有人這樣做過。如今還有多少突破性的發現是因為我們的思維被這樣一個毫無道理的假設——沒甚麼可觀察的及/或我們可以通過直覺或思辨來代替直接觀察——所束縛而與我們失之交臂呢？

腦電圖和睡眠實驗室

和心理學家一樣，神經生理學家推動夢科學向前發展的速度也很緩慢。他們知道反射但不懂得自發的激活，與此相反，他們認為大腦和睡眠中的思想一樣，其所有的激活狀態都依賴於外界刺激。

科學史上有兩位偉大人物研究了反射並且認為精神活動依賴刺激。諾貝爾獎得主查爾斯·謝靈頓（Charles Sherrington）爭辯說反射是大腦的功能單位，很有說服力。他從未認真聽取過他那富有想像力的學生——托馬斯·格雷厄姆·布朗（Thomas Graham Brown）的意見，後者一直試圖說服謝靈頓成對的「半中樞」的自發活動是反射反應的基礎。謝靈頓反射理論和布朗半中樞概念的根本差別在於，「反射」大腦完全依賴於外源性刺激，而「半中樞」大腦有能力產生自發活動。謝靈頓犯了一個錯誤，因為他從自己的意識經驗出發認為大腦在入睡後完全關閉。

伊萬·巴甫洛夫（Ivan Pavlov）因為揭示了條件反射

的存在而聲名鵲起，他持有與謝靈頓相同的觀點，即睡眠狀態下思想一片空白（錯！），因為此時大腦不再興奮（再錯！）且未受任何刺激（又錯！）。我們將在第四章中看到，直到快動眼睡眠被發現之後，人們才證實神經的基本單位——即所謂神經元在睡眠狀態下是持續激活的。這意味着我們的大腦從來不會徹底關閉，因而大腦總能維持一定水平的精神活動，即使清醒或睡夢時的意識都有賴於一定活躍程度的大腦激活。

1928年德國精神病學家阿道夫·伯格（Adolf Berger）利用一個放大器和記錄儀——即後來所說的腦電圖儀，成功地從病人的頭皮表面記錄到了腦電波，這一領域的研究狀況從此大為改觀。正如其改變臨床神經病學一樣，腦電圖也讓睡眠和夢科學發生了徹底變革，因為它為評估癲癇患者和正常個體大腦動態活動提供了客觀工具。圖2對腦電圖和現代睡眠科學研究的其他測量指標作了圖示說明。人們對伯格提出質疑，認為他所謂的「腦電波」只是運動偽差或肌肉活動的假像，而伯格通過顯示腦電圖在睡眠狀態下出現獨特變化而贏得了勝利。簡而言之，行為學上的睡眠與腦電波的頻率減慢和幅度增大趨勢有着固定不變的聯繫，這一變化標誌着我們現在所說的慢波睡眠或非快動眼睡眠的開始。

腦電圖問世不久就被當今睡眠實驗室的先驅者們用於進行睡眠研究。記錄生理指標的能力在20世紀增

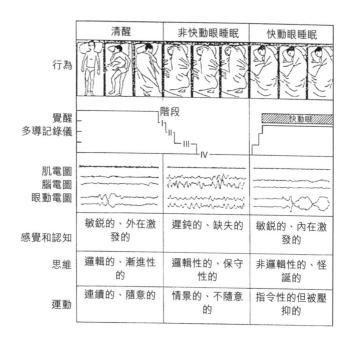

	清醒			非快動眼睡眠			快動眼睡眠		
行為									
覺醒 多導記錄儀			階段 I II III IV				快動眼		
肌電圖 腦電圖 眼動電圖									
感覺和認知	敏銳的、外在激發的			遲鈍的、缺失的			敏銳的、內在激發的		
思維	邏輯的、漸進性的			邏輯性的、保守性的			非邏輯性的、怪誕的		
運動	連續的、隨意的			情景的、不隨意的			指令性的但被壓抑的		

圖2　人類的行為狀態。清醒、非快動眼睡眠、快動眼睡眠狀態有行為學、多導記錄儀和心理學表現，這些狀態次第發生的順序以多導記錄儀的導聯表示。三個用於區分不同狀態的描記圖例也顯示在圖中：肌電圖，清醒時最高，非快動眼睡眠其次，快動眼睡眠最低；腦電圖和眼動電圖都是清醒和快動眼睡眠時激活而非快動眼睡眠時靜止。每個圖例持續約20秒。

長得如此之快，以至於我們幾乎忘記了早期的裝置是多麼簡單，而先驅們利用這些裝置獲得了多麼驚人的發現。今天的多導記錄儀都直接源自「伯格的發明」，一個所謂的電壓表可將電信號強度增加3級，使體表微電壓的範圍達到記錄儀需要的電壓範圍。腦

電圖的測量指標包括廣為人知的原先記錄心臟活動的心電圖（ECG）及從中發展出記錄眼球運動的眼電圖（EOG）和記錄肌張力活動的肌電圖（EMG）。

睡眠狀態下大腦的激活是如何被發現的？

腦電圖和眼電圖的結合，成就了尤金·阿瑟林斯基（Eugene Aserinsky）和內撒尼爾·克萊特曼（Nathaniel Kleitman）在1953年關於睡眠狀態下大腦激活的發現。由於眼動（動眼神經的激活）和大腦激活的密切聯繫，他們把睡眠狀態下大腦激活期稱為快動眼睡眠，他們曾斷言做夢可能是另一個與此相關的事件。而肌電圖（加上腦電圖和眼動電圖）使米歇爾·朱維特和弗蘭克斯·米歇爾（François Michel）得以證明肌張力維持姿勢，因而姿勢運動在快動眼睡眠狀態下是被主動消除的。

在1953年之前，人們認為睡眠是不均一的，難以追蹤且毫無生機。換言之，腦電波活動的電節律不斷改變，既代表大腦的整體活動，又預示局部的變化。錯誤的觀點認為只有快動眼睡眠期的強烈大腦活動能夠維繫夢的存在。由於快動眼睡眠每隔90分鐘週期性出現一次，且每晚佔據1.5到2小時的睡眠時間，所以看起來有足夠充裕的時間做夢，頻率肯定也很高，而不僅僅是在覺醒前的片刻。

但後來證實，夢也可以出現在剛入睡時（這並不奇

怪，因為此時的腦電圖還是相對活躍的）和所謂非快動眼睡眠的其他時相，尤其是深夜的II期睡眠，此時的大腦幾乎和常被稱為I期的快動眼睡眠時同樣活躍。而剩下的出現在夜晚早些時候的III、IV期睡眠，與夢關聯的可能性就相當小了。

對睡眠實驗室科學進行介紹的目的在於說明這一點：儘管技術手段並不是科學地闡述夢或從行為學上描述睡眠所真正必需的，因為二者都可通過仔細進行直接觀察來完成，但要顯示睡眠狀態下的大腦活動是連續且不斷變化的，這些技術又不可或缺。

誰發現了快動眼睡眠和腦電圖睡眠週期？

尤金·阿瑟林斯基一直致力於研究兒童的注意力，所以睡眠對他而言實在是個麻煩事，因為無論他如何費盡心機想讓孩子們保持警覺，睡意總能佔領他那些小受試者的頭腦。像很多兒童的老師們曾看見的那樣，阿瑟林斯基也留意到當受試者注意力下降時，他們的眼睛總是趨於閉合。他於是決定把電極放置在孩子們的眼睛附近以記錄他們清醒時的眼動，這一招確實奏效。但阿瑟林斯基驚訝地發現，當他那些小受試者們最終被睡意征服時，他們的眼球會在閉合的眼瞼下面前後上下快速地跳動。他在不經意間發現了快動眼睡眠——第一個受試者是他7歲的兒子阿曼達。

我們的夢是黑白的還是彩色的？

現代實驗室證據有力地證明：夢是彩色的。那我們為何會誤認為夢是黑白的呢？答案顯而易見，是由於糟糕的記憶。對夢的回憶不僅需要睡眠狀態下大腦功能的激活，也需要清醒時大腦的參與，兩者決定了夢是否能被回憶、是否能被清晰地回憶、是否能被詳盡地回憶。在所有清晰、詳細的夢例中，我們都能看到豐富的色彩描述。我們的夢確實是彩色的。在我們成百上千的夢例中，沒有一例清晰回憶的夢是黑白的，若確實如此，也在意料之中。

阿瑟林斯基是一個堅持不懈的科學家，但他又僅僅是比較幸運而已。為甚麼這麼說呢？因為入睡時的快動眼睡眠只出現在兒童當中。

正如路易斯·巴斯德(Louis Pasteur)所言：「在觀察這一領域裏，機遇只青睞那些有準備的頭腦」。當阿瑟林斯基把他的觀察結果報告給他的導師克萊特曼時，後者意識到這一發現對夢科學的重要性。通過把這種對睡眠時眼動的觀察拓展到成人領域，並記錄腦電圖、心跳和呼吸頻率，阿瑟林斯基和克萊特曼得以觀察到規則起伏的激活影響着整個睡眠過程中的大腦、眼睛、心臟甚至呼吸。當這種激活達到最大，伴隨清醒樣的腦電圖、集簇的快動眼、快速的心跳以及快而淺的呼吸，這時人們覺醒後就會提供長而複雜的夢例報告，類似下面這個例子。

1981年7月11日　冬季的鄉村小屋　第19號夢例

我們在一個冬季的鄉村小屋裏，有些像東伯克郡的農場但又略有不同。K.D.K.也在那裏，我們在滑雪。我懷着性動機尋找A.T.，但我已經至少20年沒見過她了，且從未愛過她。她或許在小屋的樓上，那個小屋可能是我的，也可能不是。到二樓需要爬上一個變形的木架，上面有一些殘缺不全的樹枝樣的階梯。爬上去可真不容易，等我終於爬上去時，注意到暖氣是開着的，因此這個房子應該有人居住，而我發現自己躺在熟睡的J.C.的懷裏。

J.C.突然醒來，臉上帶着意料之中的恐懼表情，想要弄明白自己究竟在哪裏。當他艱難判斷我到底是不是我，我是不是真的的時候，我看見並感受到了他的殺氣和自我保護的恐懼。這一切都發生在一瞬間，集中

體現出我們之間的關係所包含的複雜情感。我試著安撫他：「J.C.，是我呀，我愛你」，然後……

像這樣明確以性為主題的夢在睡眠實驗室環境中是相當罕見的，在那裏，夢的內容更易反映受試者對睡眠的種種擔心，諸如被觀察或被喚醒。事實上，這個夢是我到中國廣州旅行時在一家酒店睡覺時做的，可我的夢與此毫不相干。但我這個夢卻是從快動眼睡眠覺醒後的典型夢境報告，無論這種快動眼睡眠發生在運用阿瑟林斯基–克萊特曼理論的睡眠實驗室，還是發生在家裏借助便攜式睡帽監控系統來監控，或者是發生在中國廣州的酒店裏。

1981年7月11日　冬季的鄉村小屋　第20號夢例

我又在爬向一個朦朦朧朧的臥室。這次，山坡從左側盤旋而上。面前有兩條路，一條安全但是很長，並穿越一座石山底部的草叢；我選擇了另外一條路，更陡一些，沿着岩石邊緣垂直向上。我很高興有人(是C.？)預先警告我說那些石頭都已風化，因為這使我迅速適應了懸崖邊不斷滑落的大石塊。我每踏出一步，就有一些花崗岩掉下去。這些巨大的石塊悄無聲息地從我的左側掉落，直至消失。最終我如釋重負地登上了頂峰，那是一個烤肉架樣的門欄，我用雙手對準它攀了上去。感謝我的女恩人，

也是我的房東(是C.?)，讓我作好充分準備來應對這次危險的攀登。

這個快動眼睡眠之夢體現出的普遍特性包括，強烈而頻繁的幻覺(在心理學上被稱為幻覺症，在這個例子中表現為攀爬運動都是危險的抓握)和自我意識完全缺失。夢的環境充滿了典型的不確定性，「我的房子」其實不是我的；人物設定也模糊不清，尤其是這個例子中的C.；情緒方面無論擔驚受怕還是興高采烈均表現得頗為強烈。

我的大腦就像是在以一種特別的、極具選擇性的方式激活，形成的幻覺和情感以人物的感覺運動即感知和行動的組合為特性，這些元素都以一種極為新奇卻又富有個人色彩的方式結合在一起。這就是羅伯

特 · 麥卡利(Robert McCarley)和我在我們1977年的激活－整合論文中所要探詢的夢的整合過程。在第五章，我們將通過影像技術在睡眠和夢科學中的應用獲得更多關於這個假說的證據。

在睡眠實驗室時代(1953–1975)的早期，研究目的在於確立受試者敘述的夢境細節與腦電圖或多導記錄儀描繪的生理細節之間的關聯性，這種試圖把精神活動與外周實時生理功能建立關聯的理論被我稱為有說服力的一對一相形假說。但目標並未實現。因此，早期認為做夢者幻覺性凝視方向的改變次序可以預測快動眼睡眠的眼動這一觀點並沒有得到證實。儘管夢的內容確實偶爾反映出呼吸的突然增強和減弱，就像在轉身、交談或繪畫時那樣，但大多數情況下並非如此。

回過頭來看，這一雄心勃勃的理論走向失敗並不意外：對於清醒狀態它也並不有效。它繼承了哲學家兼心理學家威廉 · 詹姆斯的觀點，即情感是對外周生理活動的感知，例如焦慮情緒是在我感受到自己的心跳加快後出現的。這一觀點受到沃爾特 · 坎農(Walter Cannon)和菲利普 · 巴德(Philip Bard)的質疑，並在他們所創立的情感中樞理論面前黯然失色。坎農和巴德認為，我們所具有的情感是大腦某個部分即大腦邊緣系統(見圖11)被選擇性激活的結果，同時可以與各種各樣的外周生理變化相隨而生。

夢心理學和腦生理學之間的關聯性甚至受到了更

加嚴竣的挑戰。首先由戴維·福克斯(David Foulkes)並有隨後的其他很多心理學家報告，夢可以與腦電圖顯示的任何睡眠階段相關，當時他們得出了一個難以令人置信的結論，即夢的精神活動與睡眠神經生理學之間毫不相干。不管相信與否，這一精神－大腦分離假說至今仍受到某些人的狂熱支持。不言自明，其中大多數是內容分析學說失落而堅定的擁護者，有不少甚至是頑固的弗洛伊德派，而無一是睡眠生理學的踐行者。

在試圖駁回大腦－精神分離假說眾多令人信服的理由當中，有一個至今仍具強大說服力的證據，即對那些逼真而持久的夢來講，快動眼睡眠為它們提供了最有利的生理基礎，非快動眼睡眠的作用最多也只有快動眼睡眠的一半，至於睡眠伊始就少之又少了，而清醒時做夢那更是天方夜譚。就現有的科學知識水平來講，我們只能說當快動眼睡眠的若干大腦條件具備時，做夢的幾率更大。這一關聯性對應的心理學部分只能由夢的形式分析而非內容分析給出。因此，在夢例裏我們努力尋求度量受試者幻覺(並非真實所見)和幻想(並非實際所想)的程度。

睡眠和夢科學的生物學基礎是甚麼？

正當夢的辯論進入白熱化階段，變得缺乏新意時，睡眠實驗室揭開了一系列寶貴的生理學發現，對

夢科學和行為生物學都意義重大。阿瑟林斯基-克萊特曼的發現是在1953年，同年沃森(Watson)和克里克(Crick)發表了具有劃時代意義的DNA雙螺旋模型。這一巧合有兩個重要意義，即生物學進入了分子時代，而夢科學同時進入了生理學時代。在接下來的半個世紀裏，生物學已經變得讓我們無法辨識，事實上，現在的生物學面臨着完全變成基因分子生物學的危險。

與此同時，睡眠和夢的科學才剛剛開始在概念上或方法學上接近分子生物學。這一方面是因為睡眠和夢科學的描述性任務過於龐大，另一方面是因為引入這一領域的概念，特別是來自心理學的概念，遠不像這一領域所提供的科學機會那麼多。即使在今天，也不是每個人都希望把精神活動物質化。太多的文化和民間信仰體系會因為這一觀念，即夢中的意識和清醒時一樣都是大腦的功能而受到威脅。靈魂不滅就是一個最好的例證，如果大腦死亡了，精神不會與之一同消亡嗎？

夢科學的生物學革命迫使我們去重視這樣一個問題，儘管夢構成了一個絕對有趣而又內涵豐富的、以意識改變為特點的狀態，但夢本質上並無特殊的功能。作為意識體驗，夢只不過是我們睡眠中偶然覺察到的大腦活動。從這個角度看，正是引發快動眼睡眠的大腦激活完成了夢的各種誇張的功能，建立心理平衡、整合新舊知識，並將蓄積的個人信息以情感顯露

(或相關形式)的形式投射出去，所有這些重要功能可以而且必須被完成，無論我們對其是否有意識。如果這些功能依賴於我們對夢的清楚意識，那我們將陷入巨大的麻煩之中，尤其是那些無論如何也回憶不起夢的人。

進行實證的艱巨任務顯然落在了那些堅持認為知道夢的內容確實會有幫助的人身上。例如通過對第19號夢例的回憶，我受到了啟發，關於我和一個故友及其妻子的性心理衝突仍然貯存在我的腦海中。但即使我對這個夢的解釋是正確的，它又如何能幫我認識這一事實呢？通過讓我意識到：是啊，畢竟潛意識是存在的；或是啊，畢竟性欲是多面而含糊的，或儘管與表象相反，潛意識中的一切並不全是那麼循規蹈矩。

這樣的詭辯或許能令我受到精神分析同道們的喜愛，導致我的思想被更廣泛地接受、我的著作版稅增加，甚至為我招攬病人，如此一來，我的肉體存在價值和精神傳承都將得以提升。但看起來更有可能的是，如果我從未做過那個螺旋扶梯的夢，或更甚，從未回憶起來因此也從未解析過它，我也能過得很好，甚至更好。所謂夢的工作，如果真有的話，也是在我毫無察覺的情況下，由快動眼睡眠及其存在於我潛意識中的朋友們完成的。

這正是那些反對夢理論以生理學為基礎的心理學家們所害怕的「還原論」。福克斯就曾對他認為「讓

夢的問題擺脫心理學干預的生理學努力」進行過激烈的批判。在某種程度上他是正確的，如果能證明夢的主要形式特徵由生理學決定，那麼內容分析就不需要為此作出解析。看着這個沉重的擔子終於卸下，夢心理學本可以好好長舒一口氣，而不是去為目前的狀況惋惜。弗洛伊德自己在試圖將夢幻覺症解釋為一種心理防禦的時候，被推向了精神分析的陣營。他試圖以主動的壓抑(而不是單純的健忘)來解釋對夢的糟糕記憶同樣是迫不得已。最糟糕的是，他用願望的滿足或偽裝來解釋夢中情感的努力完全失敗了，因為有如此多的夢包含的都是負性情感，有如此多的夢是未經修飾的。

還原論是弗洛伊德堅固的外衣。像所有想要成為科學家的人那樣，他試圖用最少的假設來解釋最多的變量。當他想出願望滿足–偽裝模型時，他是一個極端的還原論者。凡凸出的都是陰莖，凡凹陷的都是陰道。問題在於，弗洛伊德的還原論是錯的，而且大部分是錯的，因為他沒有去觀察行為、測量神經功能或是運用自然科學的思維模式和工具去系統地收集夢例。

現在，我們有了人類睡眠生理學；現在，我們確信無疑地知道清醒、睡眠或做夢的意識都是一種大腦功能。是時候進而創造偉大的、大膽的、連弗洛伊德本人都渴望的以神經生理學為基礎的理論了。還原論不能對所有現象給出解釋，夢將永遠都是生動的、怪

誕的、情緒化的、不合理的、難以記憶的。但是應用生理學手段我們可以科學地探索有關夢怎麼樣(機制)和為甚麼(功能)的問題。夢的內容分析理論揭示，正是循環論證的危險毀了這一主觀臆斷性學說的聲譽。如今在科學夢理論的美好新世界中，循環論證可被超越，夢仍然可以被享受、討論和解析。

在本章，我們認真討論了快動眼睡眠為夢提供理想的生理條件這一觀點，並試圖運用動物睡眠研究中細胞和分子水平的數據來進一步詳解夢學中的「如何」和「為何」等問題。

第四章
大腦做夢的細胞分子基礎

　　到1980年科學界已經知道，大腦包含着數十億個被稱為神經元的細胞個體（據最新統計有1,000億）。在20世紀前半葉，當睡眠與夢的科學還只停留在寬泛的的腦電圖層面上時，神經生物學家們正在對神經元進行深入瞭解，而且已經超出了任何思辨哲學者所能想像的範圍——這裏說的任何人也包括弗洛伊德、謝靈頓、巴甫洛夫這樣的大家。

　　到1950年，有一個科學事實真相大白，那就是由於神經元外包着一層半透膜，它能通過鈉、鉀、氯等離子的主動泵進泵出，富集一個跨膜的電負荷，這一電負荷被稱為膜電位。相鄰分子可通過一種被稱為突觸的特殊連接分泌化學分子流，膜電位可在此化學分子流的影響下上升（抑制）和下降（激活）。由於它們使大腦細胞間的信號傳遞成為可能，這種神經末梢分泌的化學物質被稱作神經遞質。

　　當神經元興奮到一定程度時，其膜電位會驟然逆轉極性，生成的電位差又稱動作電位，可從胞體擴散至神經元的整個表面，包括末梢，進而誘導其分泌自

己特有的化學神經遞質。與神經元興奮度直接相關的神經遞質包括谷氨酸(興奮)和γ氨基丁酸即GABA(抑制)。

細胞神經生物學的大多數傑出成就都誕生於謝靈頓反射學說的保護傘之下,該學說為解決神經回路的構成問題提供了充分的信息。反射回路模型可以說明以下幾點:與姿勢和運動有關的脊反射;神經元動作電位後續的刺激編碼導致感覺的產生;感覺和運動系統的協調作用是解釋運動行為所必需的。

但反射學說對研究睡眠和夢的先驅科學家們幫助有限,因為在神經元回路活動(神經回路)和腦電圖之間無法建立任何聯繫。長久以來,人們一直認為腦電圖是大腦活動電壓改變(即動作電位)的反映,除非大腦的神經活動是連續的,即自發的、自反射的,否則這還不能解釋睡眠期間所見的腦電圖模式(如紡錘波和慢波)。因此,細胞學和腦電圖層面的研究獨立開展,並行不悖,就像笛卡兒(Descartes)思想中上帝為人類的思想和身體設立了完美而又獨立的運動方式那樣。笛卡兒二元論的影響並未消散,它之所以仍然根深蒂固地存在於大多數人的腦海裏,是因為人們還不能理解:大腦這樣一個物理客體,怎麼能有主觀體驗?這就是哲學上所謂的「大難題」。

大腦激活的基礎

就在20世紀中葉前，芝加哥西北大學醫學院兩位著名的感覺運動生理學家——朱塞佩·莫魯齊（Giuseppe Moruzzi）和霍勒斯·馬古恩（Horace Magoun）發現：給貓的腦幹予以實驗性刺激，可使腦電圖模式從睡眠轉換到覺醒。換言之，他們建立了睡眠期間大腦激活的實驗基礎。他們的實驗結果發表於1949年，比快動眼睡眠的發現早4年。這一結果向一個根深蒂固的觀念——所有的大腦激活都需要來自外界的感覺刺激——提出了挑戰，從而為睡眠期間大腦激活的研究奠定了基礎。

莫魯齊和馬古恩的假說認為大腦的某種網狀結構激活某一非特異系統，而該系統的運作不依賴感覺輸入。這一假說遭到了強烈的抵制，直至他們隨後的研究證明激活與感覺通路之間相互的獨立性，這一抵制才逐漸平息。當網狀系統被破壞，而感覺通路完好無損時，出現了長時睡眠樣的無反應狀態。這些後續研究的進行與快動眼睡眠的發現幾乎是在同一時間（就連發現地點都是在芝加哥）。

對貓的快動眼睡眠研究如何有助於我們的研究？

1957年，阿瑟林斯基和克萊特曼的同事威廉·迪

動物會做夢嗎？

所有哺乳動物在睡眠時都有和人類一樣的大腦激活，但它們是否做夢就是另一個問題了，要回答這個問題，只有再提出一個問題：動物有意識嗎？這一問題的答案一直處於激烈爭論中。當今很多科學家覺得動物可能確實有一定程度的意識，但其意識缺乏語言，亦無建設性和象徵性思維能力，與人類意識大不相同。

動物即使真的能做夢，也無法報告出來。但是，有哪個寵物的主人會懷疑自己最愛的動物朋友沒有意識、記憶和情感呢？這是意識的三個主要方面，不論動物是否有我們這樣的口頭語言，它們都可以體驗到這三方面。當動物的大腦在睡眠期間激活時，何不假定它們也有某種意義上的認知、情感和記憶體驗呢？

在科學意義的重要性方面，我們可以將動物的睡眠納入人類夢的研究中，至於動物做夢與否，其實並沒有太大的區別。要從動物身上學習，我們只需知道它們在睡眠中有和我們一樣的大腦激活，然後我們就可以進而相當穩妥地認為：動物睡眠時的大腦激活機制與人類一樣。

蒙特（William Dement），饒有興趣地研究了人類快動眼睡眠與夢的關係，他還發現貓在睡眠中也有快動眼和腦激活期。這一發現為睡眠腦激活的細胞分子基礎研究提供了必需的實驗模型，使我們有機會把細胞分子水平上的現象與腦電圖及人類睡眠時大腦活動的獨特形式整合起來。完成這一整合並不需要知道貓是否做夢，只需假設貓快動眼睡眠的發生與人類一樣。

快動眼睡眠的物種一致性假說得到後續研究發現的強有力支持，所有最原始的哺乳動物在睡眠期間都有週期性的大腦激活。如果它們有眼睛的話，在激活的睡眠時相也會有快速眼動。除了能支持同源性假說之外，這一驚人發現還表明快動眼睡眠對所有哺乳動物都具有生物學重要性，不論這種快動眼睡眠與人類的夢之間有何聯繫。另一方面，有證據表明在考慮睡眠期間大腦激活功能的重要性時，研究快動眼睡眠和夢境的關係意義不大。

　　結果表明，這些研究睡眠的新方法都是有用且重要的。例如現在已經明確快動眼睡眠有益於體溫調節，這或許是所有哺乳動物的看家本領。眾多實驗顯示快動眼睡眠還可促進程序性學習的鞏固和強化。由於程序性學習是一種後天獲得的可在無意識情況下做事的能力，對夢境的主觀體驗絕不可能蘊含這樣高水平的功能性原理。此外，我們從夢中如何得知調節自身體溫的能力是由快動眼睡眠保障的？

　　法國神經生理學家米歇爾·朱維特，從20世紀50年代中期開始就在里昂工作，他採用了莫魯齊和馬古恩發現大腦網狀系統激活理論時所用的方法——電刺激和對大腦的手術改變——一勞永逸地證實睡眠期間大腦激活確實存在並且是自發出現的。他還證明快動眼睡眠是由腦幹（包括網狀結構）產生的。朱維特發現了與快動眼睡眠固定相伴的肌張力的主動抑制，以此

幫助我們理解大腦如何可以在不導致覺醒的情況下激活。儘管上位腦精心製造了人們在夢境中感知到的豐富行為，並發出相應的指令，但運動系統在脊髓層面被主動阻斷，故現實動作不可能出現。

1980年3月12日　跳傘　第29號夢例

一隊傘兵依序先後下降 —— 藍藍的天上漂着白色的降落傘 —— 突然，一個傘兵出人意料地快速超過另一個傘兵 —— 現在看來這顯然是一場競賽 —— 這個來自海軍的新兵，將輕鬆獲勝。且慢！他的降落傘張開了嗎？當然了！為了控制自己的下降速度，他沿着降落傘的吊繩往上爬 —— 像一個胎兒吊在自己的臍帶上晃悠！

在這個夢中，跟之前的例子一樣，我自己是不動的，但我所感知到的三個傘兵的動作依然是持續而扣人心弦的。這種夢中動作引發的緊迫感其實很常見，它不僅體現出邊緣系統壓力激素被同時激活釋放，還顯示了在腦幹自身層面產生的不熟悉或本質上不可能的動作模式，而腦幹正是控制空間體位的神經元所在的部位。

朱維特通過一些極端但有決定意義的實驗證實了上述觀點。他把腦幹從大腦的兩個重要部分——橋腦和中腦的連接面以下獨立出來，甚至把此平面以上的所有腦組織都移除掉，仍然能觀察到肌張力的週期性抑制及偶發的眼動和身體運動，包括可見於正常貓清醒時的真實動作中的節律性顫動。換言之，人類夢境的一個關鍵形式特徵——持續性動感，可能來自能夠激發動作模式的腦幹的極低部位。總之，這樣的發生器都位於腦幹中，並在快動眼睡眠時激活。

和阿瑟林斯基及克萊特曼一樣，朱維特清楚地知道如何利用偶然的發現。當時他正在研究其他的課題（巴甫洛夫條件反射），突然他的貓就像阿瑟林斯基實驗對象中的孩子們一樣睡着了。他正試圖去監控貓在清醒時的注意力，頸部肌肉電極發現了快動眼睡眠時的肌無力。科學研究和生活的其他方面一樣，失之東隅，收之桑榆。不久，朱維特又有了另一次機遇，當時他是一個研究貓的神經外科學家，想要整合腦幹、

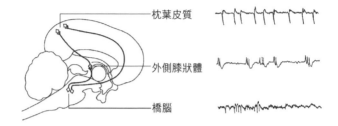

枕葉皮質

外側膝狀體

橋腦

圖3 視覺大腦通過一種在腦電圖上表現為陣發波的機制在快動眼睡眠時產生自我刺激。橋腦(P)神經元發出信號使眼睛運動,這些信號同時傳遞到丘腦的外側膝狀體(G)和枕葉皮質(O)。(圖示的3條曲線不是同時記錄的。)

丘腦等皮層下結構的腦電圖,結果他成功觀察到了大腦不同區域——腦幹網狀結構的橋腦(P)、丘腦外側膝狀體(G)、枕葉皮質(O)——進入快動眼睡眠時出現的陣發波(PGO)。清醒狀態下這些波顯著減少,表明快動眼睡眠期的大腦激活在生理和心理上都是獨特的。圖3描繪了從皮質、丘腦、腦幹記錄到的陣發波。

大腦－精神狀態的化學調控機制是甚麼?

那些研究夢的科學家們讀了睡眠時的大腦激活理論後,覺得豁然開朗,儘管與直覺相悖,他們還是很快接受了這一理念。在接下來為清醒和做夢意識的相似性興奮時,很少有人會停下來想一想能否從這種依賴睡眠的大腦激活理論中找出一點,來解釋清醒和做

夢意識之間的差別，畢竟，差別和相似性同樣重要：

+ 夢為何有如此強烈的、即使清醒時最生動的幻想也難以比擬的感覺運動性？

+ 為何夢的意識自省成份如此之少，而清醒時的意識常被內生的思維主宰？

+ 為何關於夢的記憶是如此貧乏，特別是我們為何喪失了對陳述性記憶(有意識地、快速學習的記憶)主動詳述的能力而獲得了喚醒遙遠記憶的能力？

+ 為何幾乎所有的夢都被遺忘？

+ 為何夢如此怪誕？

生理學是否也能幫助我們回答這些問題？如果我們只注意大腦激活及其在睡眠和清醒時出現的一般特徵，當然不能。

想回答所有這些關於夢意識特徵的問題，不僅要知道大腦在睡眠時重新開啟，還要知道這一開啟過程的影響機制與清醒時是完全不同的。畢竟，我們一般不會從快動眼睡眠中醒來，而且根據朱維特早期的研究成果我們已經知道人之所以不會動，部分是因為肌肉活動被主動抑制，這使得活動能力持續喪失，並有助於理解為何我們常在醒來時覺得在夢裏是癱瘓的。

此外，從陣發波的發現中我們知道，快動眼睡眠有明顯的脈衝特徵。貓一天大概能產生14,000個陣發波，每個陣發波都向大腦輸送一個激活脈衝，就如同

我們在清醒時被意外刺激嚇了一跳。這一事實意味着夢是一個由持續腦電激活和極強極離散的覺醒刺激共同組成的意識狀態。因此，陣發波就可以介導夢中精神活動的各個不同方面，如強烈地關注(感知勝過思考)、怪誕(時間、地點、人物的不連續性和不一致性)及持續的感覺運動內容(彷彿自我激活過程迫使大腦去激發一個接一個的動作情節)。

神經調制與大腦狀態

上面這些既不能解釋為甚麼有關夢的記憶被預先消除，也不能解釋陣發波如何出現在快動眼睡眠中。想要解開這些謎團，我們需要一把鑰匙，神經元調控的發現就提供了這把鑰匙。神經元控制即神經調制，是一種特殊類型的化學性神經遞質，可使大腦狀態發生全面改變。大腦狀態取決於信息呈遞模式：當大腦從外源性信息來源轉換為依賴內源性信息時；當大腦從儲存並記憶轉換到不儲存並遺忘時；當大腦從線形-邏輯性轉換到平行關聯時。所有這些模式的轉換在清醒時不明顯但很重要，而一旦大腦進入快動眼睡眠，它們都變得具有強制性、顯著性和固定性。

我們現在假設大腦狀態的改變源自神經調制的顯着變化，從而將快動眼睡眠與清醒狀態區別開來。1960年，瑞典神經解剖學家謝爾·富克塞(Kjell Fuxe)

報告腦幹細胞中存在去甲腎上腺素和5-羥色胺兩種神經遞質。人們由此而知，當動物入睡時，這些細胞會改變它們的輸出，這一改變在動物進入快動眼睡眠時最為顯著。概括而言，那些在清醒狀態下調節大腦的去甲腎上腺素和5-羥色胺細胞，在非快動眼睡眠時將自身的輸出下調一半，而在快動眼睡眠時則徹底關閉，這意味着介導清醒狀態的兩大化學系統並不參與大腦的再次電激活。那些清醒狀態的大腦功能，如注意力、記憶、反射思維等在夢中喪失殆盡，正好有力地反映出這些系統的存在。

要理解這一簡單而又令人百般思慮的假說，必須認識到這些神經調節神經元及其化學信使的特殊性：

1. 它們相對來講數量少而且分子量小。
2. 它們高度集中在少數一部分腦幹核團中。
3. 在不受抑制時，它們是具有節律性和自發性的起搏細胞。
4. 它們有節律地放電，但其放電速率相對較低。
5. 它們通過又細又多的樹枝狀凸起投射到整個大腦和脊髓。

弗農·芒卡斯爾(Vernon Mountcastle)將這一獨特的細胞群稱為「腦中腦」，之所以這麼說，是因為該細胞群構成一種模式轉換機制，可以自動並強制性地改變大腦其他部分的微環境。這就好比把現代家庭的那種居於一室卻可影響全屋溫度的中央空調控制系統搬到

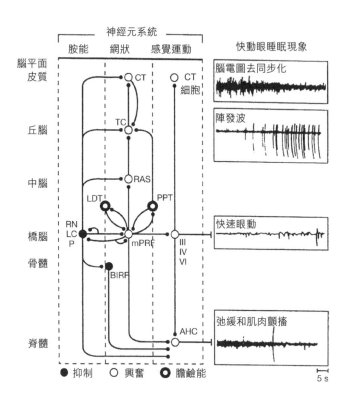

圖4 快動眼睡眠激發過程圖解。包含不同大腦層面細胞的分佈網（左）。該網絡包含三個介導快動眼睡眠多導記錄儀上電生理現象（右）的神經元系統（中）。

了人腦裏。圖4顯示了腦幹（橋腦）神經調節細胞是如何向上方丘腦、皮質及下方脊髓投射以使快動眼睡眠的腦電圖發生改變。

　　現在，即使是那些還迷戀於釋夢的魔力，做着預測命運美夢的人，也能清楚地看出形式分析方法在夢

學研究中的重要性了。我們發現，大腦在睡眠時自我激活，改變自身的化學自控指令，而精神則別無他選，只能按既定程序行事。它能看、能動、能去深切感受，但不能思考、記憶，也不能很好地集中注意力，這反過來清楚地說明，我們所謂的精神只是大腦的功能狀態。精神並非它物——不是靈魂，也不是某種獨立的存在，它只是自我激活的大腦，其主觀能動性尚待解釋，但其主觀性在形式方面的表現已然明瞭。

這是現代夢科學最極端的斷言。清醒和做夢是兩種不同的意識狀態，依化學基礎而有所不同。你能理解這一觀點嗎？是否覺得骨鯁在喉，咽之不下？你會不會說「是啊，但是……」，然後提出一大堆問題，目的在於表達你對那些尚不能解釋的細節的好奇，以免因自己的夢降格為簡單的大腦狀態而自慚形穢？你知道自己不僅僅是一種大腦狀態，是嗎？但你是怎麼知道的？你的回答是，通過你的主觀臆測(我還沒有對此作出解釋，是吧？)。這樣你就還能有一線希望，但是請承認吧，你已經沒有機會了。

同時，請耐心點，讓我試着展示給你看：能擁有這樣一套驚人的、自動的、可信的大腦機制，可以在睡眠中做夢、想像、創造和感受，你是何等幸運！我還會適時地讓你相信，作為大腦確實有其主觀的一面，你其實像你一直以為的那樣自由自在。雖然沒有太多的自主選擇，但僅有的那一點已經綽綽有餘了。

快動眼睡眠的生化藥理基礎

現在應該回顧一下夢與睡眠的關聯，並闡明我的觀點。我認為這一關聯是持續的、部分的、定量的，而非間斷的、完全的、定性的。因為大腦狀態的改變是持續性的，所以其模式的改變也只會是漸進性的，它不會突然從一種轉變為另一種，更進一步講，這種持續而漸進的調節變化不會以相同方式或同時去影響每一個神經元。這種研究腦幹狀態控制系統的神經生物學工作成果，對於精神的一般理論和夢的特殊理論都有着深遠的意義。

像清醒和做夢這樣的大腦意識狀態，與清醒和睡眠時的大腦一樣，具有豐富多彩的細節。例如：清醒時可以出現內生性和外源性感知，接近幻覺強度的幻想可出現在清醒狀態下的意識中，而火車的呼嘯聲、電話鈴聲也能進入夢境。但從統計學的角度看，在清醒和夢中這兩種現象出現的概率是很低的，且這種概率是由神經調節系統——芒卡斯爾所謂的腦中腦——設定的。與做夢時相比，外界刺激在清醒時被準確感知的可能性更大，而內生刺激在夢裏遠比清醒時更易引發幻象。我們必須更好地理解這一矛盾現象的機制，因為這關係到我們的精神健康。稍後當我們探討神經調節理論對精神疾病的影響時，就會發現當前用於治療精神疾病的藥物無一不與神經調質有關。同

時，它們的作用方式也與那些改變大腦清醒–做夢平衡的化學物質相同。

化學微刺激

一旦腦幹5–羥色胺和去甲腎上腺素能神經元的行為可用微電極記錄並在整個睡眠週期進行全程動態描繪，人們會很自然地思考，如果我們實施一些更主動的實驗，有意識地干擾這些細胞的自然特性會發生甚麼事呢？由此被稱為化學微刺激的實驗技術誕生了。不過它尤其奏效之處卻是在研究腦幹的另一種神經調節系統 —— 膽鹼能系統，之所以這麼命名是因為該系統對靶神經元的影響是通過乙醯膽鹼介導的，而人們很久以來就知道乙醯膽鹼可通過改變肌纖維的電荷 —— 即去極化，導致肌纖維收縮從而使肢體活動。

結果表明，乙醯膽鹼既是肌肉也是大腦中樞狀態的始動者之一。乙醯膽鹼能神經元在清醒和快動眼睡眠時都放電，所以它們在兩種狀態下都參與腦電圖激活的調節。由於快動眼睡眠時5–羥色胺能神經元被關閉，膽鹼能神經元受到的抑制減弱，因此其興奮度明顯增強。這些複雜且多樣化的神經生理學細節可能令人費解，不過記住主要的一點，儘管大腦在快動眼睡眠期間的電生理活動方面與清醒時一樣，但二者激活的化學基礎卻完全不同。

這一結論得到了化學微刺激實驗的有力支持，因為後者明確顯示向腦幹的特定區域——橋腦注射極微量的膽鹼能藥物即可誘導快動眼睡眠。而且，快動眼睡眠增強效應的模式和時程取決於腦幹橋腦的哪一部分被化學性選擇激活。若將藥物置於大腦的特定部位（大腦中線任一側的網狀結構），與無活性的對照藥物相比，貓將更快入睡，更快進入快動眼睡眠，快動眼睡眠將持續更長時間，而且是長得多的時間。正常情況下，貓自發的快動眼睡眠週期持續時間大約4到10分鐘，而受到膽鹼能藥物刺激後快動眼時間可長達60到70分鐘。這種化學性增強的快動眼睡眠不僅更長，而且更密集，用藥期間出現頻率也更高。

我們做夢是由化學物質引起的嗎？這個問題對貓來講是有爭議的。雖然在人類身上發現了類似的效應，我們也只會說我們可以通過增強快動眼睡眠來增強夢。從科學角度出發，我們認為所有的夢都是化學介導的。所以答案是肯定的，我們做夢是化學刺激促使大腦這樣做。

上述結果經受了反復驗證並被廣為接受，這意味着夢科學的大腦基礎已牢固確立，但科學界對快動眼睡眠受膽鹼能強化現象的接受卻姍姍來遲。我們需證明多種膽鹼類藥物都可產生上述作用，並且其作用可被抗膽鹼（阿托品）治療阻斷，甚至是像新斯的明這樣通過阻斷乙醯膽鹼的正常酶解過程來發揮作用的藥

物，也可以強化快動眼睡眠。由此我們可穩妥地推論快動眼睡眠的夢是由乙醯膽鹼介導的，此時去甲腎上腺素和5-羥色胺都處於極低水平。

所有這些對解釋快動眼睡眠的功能有何意義又是另一個問題了。大腦在快動眼睡眠期間被如此強地膽鹼能化，這對學習和記憶有甚麼影響呢？人們很早就認為乙醯膽鹼與學習和記憶有關，所以快動眼睡眠對於此方面的新興研究有着重要的意義，而這些研究與我們大腦思維不完全的、統計學模型相一致。這裏有一個代表性的假說，乙醯膽鹼可以觸發記憶片斷，但沒有去甲腎上腺素和5-羥色胺的參與就不能產生新的記憶。

我說過膽鹼能藥物應用於不同的地方效果截然不同。在橋腦的最邊緣部位(遠外側橋腦)進行微注射，和在靠近乙醯膽鹼能神經元發現地的大腦區域注射效果大不相同，也能為我們提供有益的信息。我們看到了延遲而非即時的快動眼強化，還有一點尤其令人吃驚，就是這些藥物確實即時增強了陣發波，而我們原以為是陣發波導致了快動眼睡眠的產生。但從與快動眼長時強化不一致來看，它們並不是快動眼的成因。此外，通過陣發波與快動眼睡眠暫時的解偶聯，被延遲的強化作用持續時間會更長，可達6到10天，而中線網狀結構在接受更多的注射後其持續時間也僅為4到6小時。

我們自己只是在慢慢理解這些發現，它們似乎要引領我們走向分子生物學領域而不是夢學理論。這可能和本領域的其他徵象一樣，意味着快動眼睡眠和DNA，這兩個同為半個世紀以前的發現之間的鴻溝可能被填平。理由如下：網狀結構——在此處的膽鹼能刺激製造即時而短暫的快動眼強化——是觸發帶；相反，前面提到的外側橋腦點——在此處產生的效果是陣發波即時增強和長時程快動眼睡眠強化——是控制區。這兩者之間的差別在於，控制區事實上包含了膽鹼能神經元，而觸發帶則沒有。

　　正常情況下，快動眼睡眠（及夢）的時程和數量是由膽鹼能神經元的興奮水平控制的。這一水平取決於一系列遺傳和環境因素，而這些因素又導致了睡眠或長或短的差別，這些差別則與正常發育、學習、記憶，甚至心境和個性相關。大腦–精神功能的正常發揮有賴於膽鹼能系統在一定限度內的運行，該限度由生物學和行為學機制設定，而快動眼睡眠的化學微刺激理論有助於我們理解這些機制。

第五章

人為甚麼會做夢？睡眠中的大腦激活有甚麼功能？

　　人為甚麼會做夢？我們已經給出了基於生理機制的答案，那就是因為睡眠中大腦的自我激活。我們也曾暗示，做夢本身可能是大腦自我激活的一個附帶現象，所以夢出現的真正原因可能與我們從快動眼睡眠做夢的心理研究中推斷出的結論大相徑庭。

　　此外，在上一章裏我們還注意到，快動眼睡眠見於所有的哺乳物種，總是伴隨強烈的大腦自我激活，並且由一種基因調控的化學系統精確控制。這意味着快動眼睡眠對哺乳動物生物學無疑具有重要的意義。它在所有物種中都可見到，只是各物種進行自身量的調節，並且依大腦發育程度而有所不同。本章我們將通過探討生長發育過程中的變化及擾亂調節系統使快動眼睡眠難以發生或至少變得十分困難來審視後兩方面。

嬰兒做夢嗎？

　　人類的新生兒為直接觀察快動眼睡眠行為提供了

一個最佳機會。這不僅因為快動眼睡眠出現在入睡時（正如阿瑟林斯基從他的小受試者那裏觀察到的），還因為與成人相比，新生兒與大腦激活脈衝有關的動作更為強烈，受抑制的程度也更低。此外，不僅是人類，所有新生物種都會出現四肢、軀幹的顯著抽動，伴隨着面部肌肉極富表現力的收縮，就像夢的情感被直觀地表現出來。嬰兒在快動眼睡眠時可以顯現出愉快、恐懼、驚訝、厭惡等面部表情，他們確實經歷到了這些情感嗎？這些情感是夢的基石嗎？簡而言之，嬰兒做夢嗎？我們對這種複雜問題的科學回答只能是：我們不知道也不可能知道。但我們個人也許認為，為甚麼不會呢？

人類胎兒早在子宮時，就已經開始表現出具有高度組織性和自發性的動作。到孕30週時，這些機體內的動作模式涵蓋了眼睛（快動眼）、臉（早期或原始的情緒表達？）以及肢體（原始運動？）。所有這些發現對我們的大腦–精神理論及其發展都有深遠的意義，很顯然，大自然為其最精巧的創造——人腦和精神提供了獨有的自我激活方式。神經生理學家魯道夫·利納斯（Rodolfo Llinas）在他的新書《漩渦中的我》中提到，內源性活力有助於基本存在感的誕生，而後者又是自我意識產生的根本！

我們睡覺時可能會做夢，而做夢必然會重新激活與人類固有運動能力直接相關的自我意識的大腦基

礎。換句話說，我們的夢是如此連續而精巧、栩栩如生，提醒我們自己在出生時就擁有運動和感知運動的巨大天賦，而後者最終成為我們自我存在感的核心。更進一步我們可能想到，每天晚上，在入睡後90分鐘開始，持續至少兩個小時的時間裏，我們「重獲新生」，這個詞雖然是借自原教旨主義宗教，但在這裏

做夢緣起何時？

現代睡眠科學研究最驚人的發現之一就是未成熟個體，不論是人類的嬰兒，還是小貓小狗，其睡眠時的大腦活動量比成年要多得多。這意味着做夢所需的大腦結構基礎在出生時就已具備。嬰兒是否做夢，跟動物是否做夢一樣，一直是個有爭議的話題。嬰兒的意識處於形成階段，且具備原始的認知、情感和記憶，但是他或她尚未掌握語言。命題或象徵思維依賴於語言，如果嬰兒確實做夢的話，他們的主觀體驗不可能具有和成人一樣的質量。

研究過兒童夢發展的心理學家們發現，兒童在大約3歲時開始出現類似於成人的夢境描述，此時他們正在學習語言和命題思維。此後，兒童的夢變得越來越複雜而有趣，到7歲左右，已基本具備了成人夢的大多數形式特點。再加上來自動物的證據，這些都表明單憑大腦激活還不足以產生夢。夢的出現還需要支持語言和命題思維的上位腦環路發揮作用。人類新生兒和其他新生哺乳動物睡眠時的大腦激活比已成年者多得多，但兒童的夢相對貧乏，這說明快動眼睡眠以一種夢無法預知的方式，對發育起着重要作用。

卻有了完全的肉體和現世含義。如果我還沒能完全讓您理解我的意思，請允許我再補充一點，夢的形式研究發現，虛擬動作即夢境中的運動感強有力地支持着利納斯理論。還有一點就是夢中方位感唯一可靠的一個方面就是對自身的感覺，即我總是處於夢這一漩渦的中心。

下面這個夢例充滿怪誕色彩，同時還顯示出夢者貫穿整個夢境的持續運動感。不管我是在賓館、寺院還是佛蒙特的小山上，我始終在移動、在察看、在關注或者在說話。

1984年6月18日　尋找　第33號夢例

貫穿始終的主題是尋找──我在尋找某樣東西，抑或某條路（「路」在這裏既有地理學含義，也指策略、方法）。

有一個場景是在一家餐廳或酒店，跟往常一樣，房間、樓層和人物都模糊不清。不過看起來餐廳裏好像在舉辦一場校友會，因為裏面有些人來自哈佛，儘管我一個也不認識。我的任務是找到後門，直接跑到街上去而不用回到大廳裏。我打開了數扇門，結果發現它們實際上只是一些用木製窗格從外面封上的窗戶。在窗框和窗格之間還嵌着一些楔形木塊，設計頗為精巧但功能不明。奇怪的是，窗格之間是分隔開的而非嚴密貼合的。

我放棄抄小道離開的想法，回到了大廳。

這時場景變成一個經典的、希臘或埃及式的寺院。那兒有一個石拱，拱頂石凸出來，一段狹窄的階梯從其下穿過。

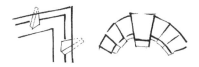

鑒於在哈佛工作的一大樂趣就是能享受哈佛的美景，這一點似乎足以解釋上述奇怪的場景轉換。

但突然間，我又漫步在佛蒙特州一座白雪皚皚的山腳下，尋找一位老婦人。那裏的雪略帶灰白色，使我不由得想到雪下會不會有新鮮的糞便。儘管有(吃到糞便的)風險，我還是決定吃點雪解渴，結果發現雪根本沒甚麼味道。

然後我跟一個像馬歇爾·紐蘭德的人談起了那位我還不曾找到的老婦人。他說了一句經典的佛蒙特傳統諺語來總結當時的狀況：「我或許很難找，但你一旦到達那裏，是可以指望我現身的。」

這句話似乎意味着鍥而不捨會終有所成。

儘管地點和行動撲朔迷離、**斷斷續續**，夢中的「我」卻驚人地鎮定自若。這個夢例還證實了夢中奇怪的「思維貧乏」，代表了一大類同樣生動形象的

夢。這意味着在我們所討論的發育過程中起重要作用的是感覺運動行為而非認知，換言之，自我存在感首先與動作相關，然後才被思維加工。

胎兒做夢嗎？

孕30週時的人類胎兒幾乎每天24小時都處於大腦激活狀態，正是這種激活狀態構建了最初級水平的快動眼睡眠。到出生時，在每天16小時以上的睡眠中確定的快動眼睡眠至少佔據了一半的時間。這保證了每天至少有8小時自主的、自由的大腦激活。問問你自己這是為甚麼？讓答案自己浮現出來：為了發育大腦，為了建立思想，一言以蔽之，為了成為一個越來越有效的行動者、一個越來越獨特的個體。

所以，如果運動–存在–自我假說有任何可信度的話，胎兒是否做夢或許沒那麼重要，除非主觀能動性必須與運動能力共同發展。現在我們無需任何理由就可否定一切認為嬰兒夢境內容豐富或是精神分析學說所謂的願望滿足之類的說法。快動眼睡眠早期出現的動作和情感並沒有暗示心理防禦，反而證明情況恰恰相反，這是一種可靠而明顯但並無必要的主動進攻，目的在於自主行為並與主觀能動性關聯。圖5展示了人類在整個生命週期中睡眠和清醒時出現的顯著變化。

嬰兒的快動眼睡眠為何如此之多？調節系統又是

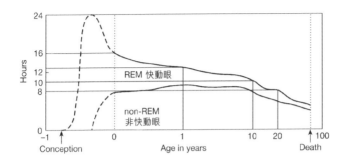

圖5 清醒、快動眼睡眠、非快動眼睡眠在每天24小時中所佔的相對比例隨生命進程發生了顯著改變。在宮內期這些狀態出現在甚麼時候、具體又如何發展尚不清楚(用虛線表示)，但是來自早產兒的數據表明，在孕26週前快動眼睡眠幾乎佔據全部時間。到26週後，清醒的時間開始逐漸且不可逆轉地增加，直至死亡。

如何隨着生長發育被關閉的呢？這些重要問題尚無明確答案，因為睡眠研究本身也還處於嬰兒期(請原諒我的用詞)。但下述內容卻很有可能是生物學事實：

1. 腦幹：作為最基本一線調節系統(例如體溫、心血管、呼吸)，腦幹的發育必須先於上位大腦，尤其要在丘腦和皮質所處的大腦部位(丘腦——皮層大腦)之前，因為這二者以後將支持意識的產生。

2. 腦幹的膽鹼能系統：作為內源性激活的介導者，該系統的發育必須在早於5-羥色胺能和腎上腺素能系統(即與5-羥色胺和去甲腎上腺素相關的結構)，後兩者是個體使清醒狀態多於睡眠狀態所必需的。

3. 其他化學系統如胺能系統(包括組胺和多巴胺在內的化學物質)的後期發育導致了嬰兒睡眠特別是快動眼睡眠的減少,從嬰兒到成年早期降低了至少 400%。

我們到底需要多少睡眠?

如果我們得不到足夠的睡眠會怎樣?我們到底需要多少睡眠?你完全可以和我一樣自己回答這個問題,但在回答之前你應該意識到兩件事:第一,睡眠具有其他所有生物學現象都存在的變異性,也就是說,每天只睡4到6小時的短睡眠者與每天睡8到10小時的較長睡眠者都屬正常。儘管大多數成人每天睡6到8小時,但這並不意味着他們天天如此。睡眠就像體重一樣,隨內在調定點、社會習俗、氣候和個人經歷的多重影響而波動起伏。第二,我們即使睡得極少,也有能力很好地彌補,尤其當回報很高的時候。一旦我們具備某種動機——無論是為了獲得獎勵還是為了逃避災難——我們通常能設法從疲乏的大腦中再擠出一點認知能力。

現在請給出你的答案。我的答案是我現在需要8到10 小時的睡眠,而且仍感到沒有完全休息好。我年輕時只需睡4到6小時。作為醫學工作者和睡眠研究人員,我有時需要連續堅持36小時不睡覺。不管基礎

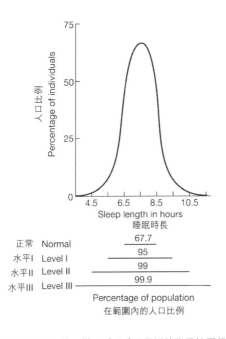

圖6　與所有的生物功能一樣，睡眠時間長短的變異範圍很大。如果將需要不同睡眠時間的各種人的數量標在圖上，結果會得到一條鐘型曲線。圖下方顯示的是落在距均值的標準差為1、2、3範圍內的幾率估值。只有千分之一的人超出該範圍，但像這樣的短或長睡眠者確

狀況如何，我始終感覺睡眠剝奪使我集中注意力和高效思維的能力都大打折扣，要想好好地讀、寫、聽、說，我需要一夜安眠。意識到這個事實後，我總是盡力做到這一點。當睡眠不足並/或處於壓力之下時，我更可能做一些情感強烈而怪誕的夢，就像我在本章早些時候描述的那樣（第33號夢例，95頁）。

為甚麼睡眠剝奪的實驗室研究難以就喪失睡眠的代價及由此推斷獲得睡眠的益處達成共識？要理解這一點，最好回顧一下20世紀60年代早期，那時快動眼睡眠的發現掀起了一場實驗性探索的風暴。

　　好消息是這場風暴終被掀起，壞消息是該研究常常受到精神分析這一在科學上極其幼稚且有諸多缺陷的學說的左右。所謂「夢剝奪」的經歷就是一個絕佳的例子，由於快動眼睡眠與夢相關，人們總是趨向於將二者等同，認為剝奪實驗受試者的快動眼睡眠，就會剝奪他們的夢。這可以說正確，但不完全。

　　儘管夢出現在入睡時或非快動眼睡眠期間也是正常的(從未有人研究過當快動眼睡眠減少時，這一情況出現的可能性是否會增加)，威廉·迪蒙特及其同事精神分析–神經科學家查爾斯·費希爾(Charles Fisher)依然肯定地認為，剝奪夢(實際上是快動眼睡眠剝奪)會使人精神失常，因為夢 —— 也唯有夢 —— 能為其提供精神逃避的出口。毋庸置言，某些受試者在長期的睡眠剝奪後確實出現了精神失常，經歷過這一時期的每個人都會記得在10天的快動眼睡眠剝奪之後學生們精神失常的故事。作為宣傳噱頭，電臺音樂節目主持人彼得·特里普(Peter Tripp)被要求在自己的播音室裏保持清醒達72小時，結果他平常催眠曲般的廣播評論逐漸被偏執幻想所取代。

　　回想起來，上述這些研究都是不合倫理道德的，

因為其研究假說是基於「夢剝奪到一定程度的話能夠使人瘋狂」。儘管我對籠罩在該科學領域的重重迷霧不能撥雲見日感到失望，但我絕不會讓別人對我做這樣的實驗，更不會對別人這麼做。

以安東尼·卡萊斯(Anthony Kales)為代表的懷疑論者對這一問題作了更深入的研究，結果都發現正常人對睡眠剝奪有相當程度的耐受性。他們在用一些量化的心理學測試來評估睡眠剝奪的後果時發現，選擇性減少快動眼睡眠與減少全部睡眠相比並無差異，而且這兩者都只造成了極少的功能障礙。這些研究看來說明快動眼睡眠或者說夢本身對維持心理平衡並無特殊意義。這些結果還間接動搖了幼稚的「壓力假說」——夢的壓力一旦被釋放，就會導致精神失常。

然而，這些研究並不意味着睡眠對精神沒有任何益處，就像許多人誤認為的那樣。「睡眠是在浪費時間」這一觀點仍深深扎根於我們的文化當中，而同樣深入人心的是，我們應當義不容辭地去爭取成功、貢獻和物質勝利。如果讓你說出一位最有成就的美國企業家，你多半會推薦托馬斯·愛迪生(Thomas Edison)，我們的這位候選人(作為燈泡的發明者)可以為自己只需極少睡眠就極富成效的能力而自豪。愛迪生可能是一個真正的短睡眠者，天生擁有一個高能量的大腦，這使他比大多數人更活躍、更清醒、更有創造力。

與愛迪生們相反，還有另外一類人，他們永遠不會有任何發明，永遠休息不夠，永遠別指望上醫學院，但這些「長」睡眠者們應該對自己的敏感度、感受力、潛力和反應能力感到滿意。詩歌和文學從來都是與蝸居床上的生活方式共存的，像馬塞爾‧普魯斯特（Marcel Proust）、塞繆爾‧泰勒‧柯爾律治（Samuel Taylor Coleridge）、格雷厄姆‧格林（Graham Greene）之類的文學巨匠們莫不如此，他們都對睡覺和做夢懷有極大的熱忱，並開創了內反射文化，建立了實現自我價值的技巧，創作了大量的文學故事，而這些都和燈泡一樣，是這個世界所必需的。畢竟，我們在夜間清醒的時候總得有東西可讀吧？

在本章餘下的部分，我們將看到睡眠對大腦–精神的認知能力來說絕不僅僅是一塊邦迪牌創可貼，它是生命不可或缺的，只不過其作用方式是心理學難以想像的。在第六章中，我們將瞭解到睡眠喪失時認知能力確實會大大受損，儘管只有用那些需要複雜思維過程並要求長時間集中注意力的任務來考驗睡眠被剝奪個體時，這一效應才能體現出來。而在後面第七章討論抑鬱時，我們會回到睡眠–精神疾病的聯繫上，並將發現情緒和思維模式的調節也是由控制和激發夢的同一大腦–腦幹系統完成的。

睡眠是生命必需的嗎？

　　如果我們不能生存，就不能繁衍。作為哺乳動物，我們需要做些甚麼才能生存呢？我們需要進食，然後把食物的熱量轉化成機體運轉的動力；我們還需要避免被捕食，尤其是在我們易受攻擊的時候，如夜晚。還好我們只需要在吃的同時避免被吃。

　　但要人體高效運轉我們還必須保持溫暖或涼爽，亦即維持核心體溫在一個很窄的範圍內波動，不超過0.83攝氏度或1.5華氏度。如果體溫過高，大腦就不能很好地工作，實際上它會入睡，這就是為何熱帶文化出現更多午睡而非「愛迪生」。如果體溫過低，大腦同樣會失常。根據登山家對經歷嚴寒的記憶，首先你需摸索前行，然後言語不清，接着是步履蹣跚，最後會跌倒。

　　對於我們這萬獸之中的技術之王來說，「被捕食」似乎算不上甚麼威脅。但想像一下舊城區的生活，告訴我你能有多樂意漫步於夜間昏暗的街區；想想感染的威脅，我們必須不斷地與之抗爭，避免患上肺炎（感冒和咽喉疼痛已經夠難受的了），防止寄居在腸道內的微生物侵入血液（而通常它們只幫助我們消化部分食物），維持免疫力以阻擋眾多破壞性病毒（如甲型流感、乙型肝炎以及諸如此類的一系列）的入侵。這些才是我們的捕食者，就像獅子捕食斑馬那樣。

研究結果表明，當睡眠剝奪達到極限時，上述的所有功能都會受到影響。在20世紀50年代早期作為夢和睡眠科學誕生地的芝加哥大學，艾倫·赫特夏芬（Allan Rechtschaffen）及其小組在最近的實驗中讓兩隻大鼠中的一隻無法入睡，或至少令其入睡十分困難，而另一隻大鼠可隨時自由入睡。這樣就可以大大縮減一隻老鼠的睡眠而另一隻則不受太大影響。

　　這裏需要強調的一點是這些實驗條件都極其苛刻，在自然條件下很難發生。還有重要的一點就是最嚴重的破壞效果兩週後才會顯現，時間長得令人吃驚。最後，令人稍感寬慰的是，在實驗過程中的任何階段，只要允許睡覺，實驗對象就可以完全恢復正常。但我們不應認為，這種我們可能永遠不會親身體驗的實驗性睡眠剝奪研究所得的結果對我們自己的睡眠健康觀念毫無意義。只要有人曾注意到即使是輕微的睡眠不足也能導致感染的風險增加，他就能輕而易舉地理解我的意思。

　　睡眠剝奪老鼠起先是皮毛趨於乾裂，不再順滑而完整，這是必然發展成致命徵候的最初症狀。到第二個週末，老鼠出現了強烈的覓熱動機，它們總在尋找籠子最溫暖的角落。接下來發生的事情簡直令人難以置信，老鼠的體重下降，並且這種趨勢一直持續以至於不停進食也無法彌補體重的下降。換言之，食物的熱量值降低了，可能是因為老鼠自身的能量被越來越

多地消耗以保持體溫恒定。體溫調節能力也喪失了，哺乳動物最基本的適應能力和大腦功能賴以發揮作用的反射特性就是溫度調節。沒有睡眠，就不能維持溫度調節和正常的腦功能。這無疑表明所有人每晚睡覺時都在恢復自己的溫度調節能力。

到第三週和第四週末，睡眠被剝奪的老鼠開始死亡，它們是被代謝「餓死」的，儘管它們擁有充足的食物，而在相同環境下對照組老鼠可以保持皮光肉滑、體態豐盈、心滿意足。當睡眠剝奪老鼠再也無法抵禦感染的時候，它們就走向了死亡。它們受到腸道定居菌的侵害，被那些不再滿足於搭便車的共生菌吞噬。

現在你可能會說我們已經遠離了夢，甚至是睡眠中的大腦激活，但我不這麼認為，並且我希望片刻的沉思能告訴你為甚麼。要解釋正常睡眠為何能保護我們免受這樣的噩運，須先假定正是大腦狀態的改變，包括其所有的化學和電轉化，使我們保持健康。第二個原因是理論上的，我們的睡眠需求如此強烈、如此旺盛、如此執著，因而它必定有着重要的生存功能。

那麼我們又怎麼看大腦激活部分呢？怎麼看待夢呢？夢和溫度調節又有何關聯呢？我的答案是只有哺乳動物才能進行體溫調節，也只有哺乳動物才會出現快動眼睡眠，所以很可能這兩者和夢有着某種聯繫。至於是何種聯繫，我們在這兒只能加以推測，但在此

之前，我還要講明另一個令人驚訝的事實，哺乳動物僅在快動眼睡眠時無法進行體溫調節。我們可以把所有這些匯總起來進行推理，並留待後續實驗去研究。

覓食和攝食都是清醒狀態的行為，而後者又反過來依賴大腦激活。對於清醒時的大腦激活，與去甲腎上腺素和5–羥色胺等化學物質相關的系統發揮作用，我們已知溫度調節就依賴於這些系統。所有清醒狀態下的功能都要消耗能量，還使生存遭遇威脅，儘管它們也是生存所必需的。睡眠中的大腦激活則以全然不同的方式出現，胺能系統被關閉，以至於溫度調節無法進行，儘管快動眼睡眠時並不需要溫度調節，因為動物在巢穴中體溫可以保持穩定，沒有損失熱量和被捕食的危險。睡眠中的大腦激活由神經纖維完成，這些纖維與一種已知的化學物質乙醯膽鹼具有同樣的效應(這種效應被稱為膽鹼能)；這種激活是節能且安全的，但同樣是生存所必需的，因為它使動物得以恢復其核心調節系統的效率。同時，大腦–精神擺脫了束縛，可以自由地重新配置認知能力及一些更基本的身體功能。關於這一點，後面還將詳細討論。

夢的功能是甚麼？

哲學家歐文·弗拉納根(Owen Flanagan)最近提出，夢只是一種附帶現象(某種因果事件或功能不顯著

的現象），亦即其本身並無作用。這一觀點相當極端，但在科學上又是站得住腳的，因為目前尚無證據表明夢的內容對清醒狀態的行為有顯著影響。夢或許能幫助我們認識到人類是複雜的情感生物，但這是已知的事實。夢的回憶也可能不那麼重要，因為有很多人對夢的回憶很少或壓根就沒有，但無論如何他們的身體機能相當正常。

即使夢的意識體驗及其回憶是附帶現象，但引發夢的大腦活動過程依然有很多功能。時下最流行的一個理論認為，睡眠中的大腦激活是我們重排腦內信息、丟棄某些過時的記憶、更新記憶並把新的體驗加入記憶系統所必需的，我們將在第九章詳細討論這一理論。除了這種認知功能外，睡眠中的大腦激活還可能扮演終生發育的角色。正如我們剛剛看到的，新生兒的快動眼睡眠比成人要多得多，這意味着大腦自身的建設也是睡眠中大腦激活的功能之一。沒有理由認為一旦掌握了語言，發育就會停止，其實我們終生都需要重建大腦和思想。

夢的形式分析能告訴我們認知能力是如何恢復的嗎？我們記憶的丟失是否和溫度調節能力的喪失有着同樣的原因──二者所依賴的胺能系統的失活？夜間休息和胺能系統複元的淨效應在於增強次日溫度調節和獲取知識的能力。除記憶和溫度調節外，我們還可以把警覺性、注意力甚至分析能力都歸因於胺能的效

應。在第六章，通過討論局部的大腦激活，我們將進一步探討這些可能性。

我們的夢都是情緒化的，也就是心理學家所謂的「超聯想」，因為我們的大腦是被膽鹼能而非胺能物質激活的，由此我們恢復了認知能力最基本的方面 —— 以一種適應生存的方式來組織記憶的能力。情感顯露或關聯是一個普遍的記憶規則。我們的情感能力水平具有極高的生存價值，是履行社會功能所需的更精確信息的基礎。換言之，首要的是我們需要知道何時該接近，何時該配合，何時該害怕，何時該躲避。我們生命中的每個夜晚，睡眠都在通過激活大腦來修復這些技能，而不關注陳述性記憶(快速且有意識獲得的記憶)的細節。與溫度調節和抗感染的免疫力一樣，我們逃跑、戰鬥、攝食、交配的本能對生存和繁殖都是極為重要的。

第六章
與夢有關的疾病

　　本章將探討調節夢的大腦系統如何被誇大或變得異常，從而導致各種不良後果。此刻我們已涉足現代睡眠科學的熱門話題 —— 睡眠障礙醫學的邊緣。

噩夢和夜驚

　　本書一直強調睡眠中的大腦激活在幫助我們理解人類做夢過程中所扮演的重要角色，其實它同樣適用於理解那些噩夢。我們已經強調過夢境中包含着強烈的情緒，而且通常是負性的。事實上，那些能讓人自發覺醒的夢通常都被焦慮、恐懼和憤怒所主宰。所以，從某種意義上講，噩夢因何而生與夢中的消極情緒從何而來其實是同一個問題，答案也相同，這就是大腦激活，尤其是一個古老而重要的區域 —— 被稱為腦邊緣系統的激活。

　　甚麼樣的大腦激活會導致噩夢而非愉快的夢呢？答案顯而易見，噩夢時被激活的肯定是介導負性情緒的大腦情感中樞，而介導正性情緒的中樞則在美夢中

才會大顯身手，賦予其愉悅特性。除此以外，對於造成精神創傷的夢，區分夜驚和噩夢之間的差異也很重要。

夜驚是從睡眠中醒來時出現的單純情感體驗，與由於創傷後壓力反復重現的夢境類似，它一般與非快動眼睡眠相關。從非快動眼睡眠中覺醒的同時，還伴隨心臟的劇烈跳動、呼吸頻率加快，血壓可能極度升高；夢者多在極度驚恐中醒來，大汗淋漓，通常對醒前剛做的夢幾乎沒有記憶。

與此不同的是，我們中大多數人普遍有一兩次這樣的經歷，在夢中為躲避某些假想的追捕者而疲於奔命，最後在極度恐懼中醒來。這後一種情況多見於快動眼睡眠期，人們已經形成了試圖逃離受攻擊處境的知覺情節，而情感也與夢裏的動作協調一致。圖7所示為與快動眼睡眠相關的、非人為控制的大腦激活（即自動激活），還可以看到心率、血壓、呼吸速率的上升始於非快動眼睡眠時期。

對於夜驚，尤其是創傷後的夜驚，不論夢境中是否出現相關內容，情感可能與清醒時體驗到的一樣。睡眠時大腦被激活，而調節情感的大腦中樞則被選擇性激活，關於這一點，我們會在第七章討論大腦影像數據時明確地加以闡述。到時可以發現，無論多麼不愉快的噩夢，都是睡眠中的正常事件，這意味着維繫這些保證人類生存的大腦情感系統，可能是睡眠中大腦激活的功能之一。很不幸，做噩夢是避免不了的。

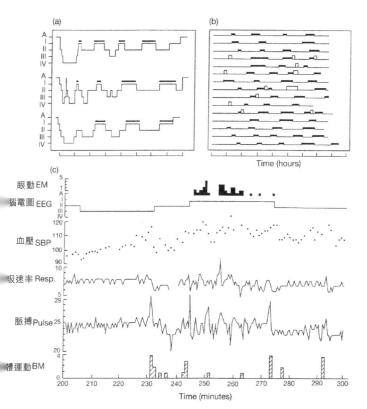

圖7 激活的睡眠週期。A、B圖為3名實驗對象的超日睡眠週期中，快動眼和非快動眼睡眠的詳細睡眠時相圖（A）和15名實驗對象的快動眼睡眠週期圖（B）。C圖是其中一個睡眠週期，顯示出與快動眼相關的眼動（EM）、腦電圖（EEG）、血壓（SBP）、呼吸速率（resp）、脈搏和身體運動（BM）的變化。

睡行症(夢遊)

夢遊、夢囈、磨牙是所謂異態睡眠中的三種,是睡眠中意外出現的動作行為。想一想,既然前面諸多問題都可用睡眠中的大腦激活來解釋,那麼當我們發現上述三種動作行為都是位於皮質下腦組織中的運動系統激活的功能之一時,就無需驚訝了,該系統就是曾在第四章提及的動作模式發生器(MPGs)。當該運動系統被過度激活,且程度超出大腦通過抑制作用阻止動作輸出的能力範圍,就會導致前述行為的發生。

在快動眼睡眠期間,最常見的夢體驗之一就是假想動作。為保證人在夢中不動,系統必須啟動一個抑制或阻滯程序,來防止動作指令(即幻想的夢中動作)轉化為現實動作。大腦保證睡眠時身體不動的機制之一是抑制,二就是簡單地減少運動系統的使用。這一點眾所周知,因為入睡的前提是保持靜止;如果不能停止運動,人就無法入睡,所以睡眠的開始依賴於運動系統的失能。隨後,當大腦在快動眼睡眠中被強烈激活時,就需要主動地阻斷運動輸出。

而介於這兩個極端情況之間,在非快動眼睡眠時,大腦運動指令中樞可能被激活,從而導致諸如夢遊、說夢話及磨牙這樣的行為。這些動作行為之所以被認為是「分裂的」是因為它們通常只出現在清醒時。而現在它們出現於睡眠期間,有兩種可能:要麼

是醒了，要麼是在做夢，但這兩種假設都是錯的。此時大腦部分激活，足以支持運動，但又不足以導致覺醒。這些狀態是兼具睡眠和清醒狀態特徵的混合體。

要理解這一看似矛盾的現象，需要知道大腦在分多層次對動作進行控制。控制清醒時隨意運動的上位腦，在睡眠狀態下幾乎不發揮作用。而運動所必需的很多下位腦結構，則可能在上位腦失活時被激活，其結果就是無意識動作的產生，例如某些沉睡的個體需要排尿，就會起床去廁所或其他一些不適當的地點如花園，並試圖在那裏排尿。在執行這樣一些夢遊行為時，這些個體是部分清醒的，但上位腦仍然處於深睡眠狀態。這些知識來自實驗室研究，人們在研究中記錄腦電波，結果發現當個體夢游時，仍能持續記錄到深睡眠的高電壓慢波。一個關於夢遊的無稽之談認為，把人（通常是年輕人）從夢遊中喚醒是錯誤的，對此我們的回答是：「儘管試試好了」。通常情況下不大可能做到，但無需擔心，因為無論你能否喚醒他們，都不會有甚麼不良後果。

創傷後的夢

創傷對夢有何影響？關於這個問題有兩個矛盾對立的答案 —— 影響巨大和影響甚微。人們不能理解為何在有些情況下創傷幾乎總是處於主導地位，而在

另一些情況下它對夢的影響又如此之小。有一種可能的說法是創傷的受害者，如曾經歷過戰爭暴力的創傷後應激障礙患者，有著某種特殊的覺醒體驗。他們的睡眠被一種類似兒童夜驚的恐懼打斷，並且與兒童夜驚相同，他們的睡眠中斷並非出現在夢正常產生的時段——快動眼睡眠相，而是出現在非快動眼睡眠相，此時大腦未被完全激活，卻能感受到強烈的情感。

曾遭受過侵入性、擾亂性創傷的個體可能會在睡眠時出現侵入性、擾亂性的情感體驗，這些體驗造就了自己獨有的大腦激活狀態。創傷沒有破壞睡眠中大腦激活（夢正是來源於此）正常生理過程的完整性，這有助於解釋為何包括我在內的很多創傷體驗者從未在夢中有過該體驗，只是因為其程度還沒有強烈到足以創造自己的精神活動，故而在本人夢的構建中只能佔據極少的部分。

我曾在大街上被三個男人襲擊，險些丟掉性命，我的鼻骨被擊碎，鼻中隔從顴骨上嚴重脫位；結果需要在未經麻醉的情況下做痛苦的整形手術。但這一幕從未出現在我的夢境中，取而代之的是各種可怕的攻擊性衝突，儘管這些在創傷事件發生前後都出現過。這絲毫不令人驚訝或顯得非同尋常。人最害怕的事之一就是被罪犯和暴徒攻擊時無回擊之力，自我孩提時代起，這就是我生活中的一大恐懼，所以我可能總會反復夢到與強大而難以抗衡的敵人對抗的畫面。我

跑，他們追，有時他們甚至能抓到我，就像現實中的那次創傷事件，但隨後我就醒了。他們從未像現實生活中那樣繼續下去，打斷我的鼻子。事實上我在夢裏很少體驗到疼痛。

對納粹大屠殺倖存者詳細的科學研究表明，所有人的睡眠中都會重新浮現那一事件的恐怖記憶。這一事實與戰後退伍軍人中出現的創傷後應激障礙共同說明，正如清醒時的思維易被這些不愉快體驗的擔憂主宰那樣，睡眠時的思想活動也易被它們所左右。

現在我們需要進行一系列研究以查明從快動眼和非快動眼睡眠中覺醒後能否給出不同的夢境報告，這不僅對於回答創傷如何影響夢很重要，對於解釋夢的功能也很重要。我們仍然不知道為何大腦要在睡眠時自我激活，不過有證據顯示它肯定不只是為了重現之前的經歷。

快動眼睡眠行為障礙

快動眼睡眠行為障礙(RBD)是夢疾患隊伍中的新成員，這是一種非常奇怪的綜合徵，患者通過動作來表現自己的夢。快動眼睡眠行為障礙並非睡行症，儘管後者曾被誤認為是前者，那麼它又是如何形成的呢？

通常只有對動作或運動輸出的抑制在量上超過神

經元的興奮時，夢中動作指令才會被消除，如果抑制減弱或興奮增強，或兩者都出現，運動就會發生。

快動眼睡眠行為障礙發生時，個體開始表現自己的夢境，他們通常是中年男性，將來會進一步發展成為運動障礙——帕金森綜合徵。我的一位病人揮動手臂擊打妻子，而當時他正夢見自己開着一輛車在急轉彎；另一位患者夢見自己在游泳池邊，於是從床上跳了下來。

每一次，被喚醒的病人給出的夢境報告總是與快動眼睡眠做夢時觀察到的運動行為相符，睡眠實驗室的證據證實這些事件都發生在快動眼睡眠中。

這些證據聽起來倒像是傾向於支持夢心理生理學的「一對一」理論，而在20世紀60年代，實驗者們費盡心機也找不出支持該理論的證據。它還提示大腦的遺傳變性可以導致快動眼睡眠生理機制發生病理性改變。對快動眼睡眠行為障礙而言，人們懷疑控制神經元的系統(神經調節系統)可能是多巴胺，一種對正常睡眠作用未知的化學神經遞質。

我們知道多巴胺缺乏是帕金森綜合徵的病因，而很多快動眼睡眠行為障礙患者最終會發展成帕金森綜合徵。此外，儘管我們還不知道原因，但很顯然，長期服用選擇性5–羥色胺再攝取抑制劑(SSRIs)這一類抗抑鬱藥會引起快動眼睡眠行為障礙。這表明5–羥色胺作為已知的快動眼睡眠強效抑制劑，可能與大腦多巴

胺系統產生交互作用，從而擾亂睡眠時運動系統的抑制–興奮平衡。

　　夢和其他任何精神狀態一樣可能出現病理異常，第七章和第八章將詳細討論這一主題，並闡述正常的做夢如何幫助我們理解精神病理學的物質基礎和夢本身的物質基礎，以及夢的疾患如何幫助我們理解正常的做夢和精神病理學。

第七章
夢如譫妄：睡眠與精神疾病

　　如果夢和清醒狀態下的精神失常不能實現弗洛伊德模式中的動態互換，我們又怎會牽強地將二者相提並論呢？歸根到底，夢是一種精神病態，與人們在清醒時體驗到的精神病態別無二致。內生性感知所具有的幻覺力量足以使我們陷入不可救藥的妄想之中。夢幻覺的情節是如此詳細，對思想的控制力又如此強大，以至於人們已為一種改變了的意識狀態所掌控卻渾然不覺。我們堅信自己是清醒的，篤信自己的感覺以及與之相關的情感，罔顧夢的稀奇古怪及不協調性和不連續性，而這一切倘若出現在清醒狀態時，馬上就會被識破。

　　倘若這種情感出現在真正的清醒狀態之下，人們對這種不可信也不可能的夢境的第一反應會說：「掐我一下，我莫不是在做夢吧！」如果掐起來不疼，人們可能就會試著讓自己清醒，接著就會想：難道有人在我的雞尾酒裏偷下了蒙汗藥？還是我用來治療高血壓或偏頭痛或腸痙攣的藥出現了某種醫生沒有告知的副作用？人們肯定會懷疑自己是不是沒睡好。儘管我

們知道自己因某些身體原因而發瘋，但可能還是會在歷經上述過程後才得出需要看精神科醫生的結論。

這意味着從形式上講，夢與嚴重的精神病不只是類似，根本就是一碼事。這反過來又說明，輕而易舉就會想像到，不僅大腦狀態的生理改變可以導致精神病，就連完全正常的睡眠變化也會對我們的心智能力產生重大影響。這究竟是怎麼回事呢？

是否每晚的瘋狂只是為了避免同樣的事情在白天上演？抑或人之所以精神錯亂是因為大腦暫時放棄了控制權，以便在一覺醒來後以一種更為并然有序的方式將其重獲？我們現在還不知道這些問題的答案，但有證據表明，在這一系列並未盡數列舉的問題背後，隱藏着一些更為複雜的真相。

夢是一種怎樣的精神病態？

精神病被定義為一種以幻覺和/或妄想為特徵的精神狀態。在不被誘導的情況下，很難產生幻覺；稍後我們將詳細探討「眼見為實」原則的含義。但幾乎所有人都知道，被誘導但不產生幻覺卻很有可能。正常的懷疑（也可稱之為謹慎）讓我們相信關於愛人、同事、政府的一些完全虛假或過份誇張的事情，換句話說，我們並不需要聽到甚麼才變得偏執，儘管那確會推波助瀾。

夢最像精神病的哪一種自然分類？精神分裂症，或是抑鬱、躁狂之類的主要情感障礙，還是某種器質性精神病如藥物或高熱導致的譫妄？如果理解我的推理，你就會很快意識到答案正是器質性精神病。若你對此有任何懷疑，求助於形式分析！

　　首先從夢的幻覺開始。它們使用甚麼感覺模式？每個人都會毫不猶豫地回答：視覺。幻視在精神分裂症和主要情感障礙中都極為罕見，但卻是器質性譫妄的標誌。

　　接下來談一談錯覺，它們僅限於認知或智力層面，從無精神分裂症那樣典型的偏執妄想。它們很少像抑鬱症(其常見特徵之一就是錯誤地堅信身體某一部分丟失、缺損或患病)那樣與機體相關。夢中的精神失常具有躁狂症誇張而無畏的情感高漲特徵，但這些特徵也見於器質性譫妄，尤其是在其慢性、宿醉期後。

　　討論轉到認知缺陷時，關鍵點出現了。當我們做夢時，時間、地點、人物沒有任何預兆地變換。這種定向不穩定性其實是器質性譫妄定向障礙的變異形式。譫妄病人和夢者一樣，只知道自己是誰，而不知身在何處，今天是甚麼日子，甚至連跟他們在一起的是誰都不知道。為了應對短時記憶丟失帶來的定向障礙，器質性譫妄病人會編造故事，這些故事不是謊言而是錯誤的信念，它們被真誠地 —— 通常是愚蠢地 —— 提出，以掩蓋記憶的巨大空洞，我們把這一

特質稱為「虛構」。虛構這個詞用於描述夢境並不常見，但它確實很貼切。描述夢常用的一個相關詞匯就是「難以置信」。

當我們精心編織夢的情節時，我們在自敘關於自己的故事、小謊言、善意的撒謊或荒誕事件。事實上，我們堅信這些虛構的故事是真實自我的反映，以至於我們很少，而且是在不情願的情況下得出我們做夢時在妄想的結論。

由此看來，至少可以這樣認為，夢的內容既是黃金也是渣滓，既是稀世珍寶也是認知垃圾，既是重要信號也是信息噪音。我和羅伯特·麥卡利(Robert McCarley)在1997年關於激活–整合假說的原創論文裏就已提出這種觀點，但從未獲得廣泛認同。

不過，還有很多其他理由讓我們重視「夢如譫妄」的觀點。即使你相信你患有阿爾茨海默病的阿姨那古怪的話語裏隱含或深藏着某種意思，你也能認識到這些都緣於她腦細胞的喪失。事實上，阿爾茨海默病及其諸多退行性病變家族成員，都累及神經元，包括已知的在睡眠狀態下功能被抑制的胺能或功能被增強的膽鹼能成份。在此我想表達的是，夢與譫妄不僅在心理現象上類似，其潛在的大腦機制也雷同。

聽起來很糟糕，不是嗎？一旦入睡，一個類似譫妄的獨特大腦激活過程就應運而生，譫妄是一種特殊的狀態，我們曾以為它的出現只能通過生病或服用酒

精、安非他命、阿托品之類的藥物或讓大腦到達衰老的境地，突然之間我們發現這一狀況發生在每個人身上，發生在我們生命中的每一晚，可能健康時比生病時更頻繁，年輕時比年老時出現更多！

好消息是，要治癒與夢有關的譫妄，只需從夢中醒來即可。從多方面看來，這都是一個令人寬慰的想法，這意味着如果我們不喜歡音樂，就可以關掉它，正如治療焦慮和抑鬱的治療師們所發現的那樣，但這也意味着，一直以來如此誘人而強大但到目前為止又如此模糊的化學平衡概念最終可以被詳細説明。精神狀態是清醒時的精神健全和做夢時的精神錯亂這兩個極端之間持續的交涉妥協。下面的夢顯示出當大腦被胺能系統抑制和被膽鹼能系統過度刺激時，思想可以變得多麼瘋狂。

1983年8月28日　一座失火的房子　第32號夢例

我能看見濃煙，起先看似桑拿房然後又像是農舍着火了。這次，它看上去又很像(我的)那幢房子，但是位置不對(在馬路對面)，當我把水管拖往冒煙處的時候，我忘了水管不夠長。地上覆蓋着雪。我丟掉水管跑過去，結果發現煙是從一個與地面齊平的煙囱裏冒出來的，所以就沒甚麼危險了。那個房子——無論如何都不可能——不知怎麼地像我夢境

中的農場裏那一套熟悉的建築。那裏有一個很大的穀倉，我經常凝視它的修補處——它其實不像我在現實中常常凝視的那個真實穀倉的修補處。

「誰放的火？」我生氣地問。

「一個男孩，」某個依稀有些像童子軍團長或教師的人回答，他的表情暗示那個「男孩」是伊恩，但由於伊恩身患殘疾，我不能生他的氣。那人帶着一副職業的、自認為道德上高人一等的忍耐表情，以後的某些時候，當我自己面對一些被令人頭疼的孩子激怒的家長時，也會擺出這種樣子。

「他就在這附近。」

雖然他並不在場，但那裏有很多好心的、客觀的人，有足足一研習班的行善之人在討論善良和愛的奇跡。這稍稍緩解了我的怒氣。但我還是記掛着這場火災，並急切地想懲罰縱火者。轉眼之間場景完全轉換。在一條清澈見底急流而下的小溪邊，一個橙色的球射向漩渦中。球一旦到瀑布那裏，肯定就找不回來了。我大聲呼喊朱麗葉，她那時動不了，但至少可以爬到高地上繪出球的運行軌跡來（她一直在跟卡倫·拉文玩，卡倫那天剛到，帶了一個橙色的球來）。但是，她一頭扎進水裏，像一個孔武有力的男性那樣，遊過急流，抓住球帶到了對岸。這一切立馬顯得不可思議卻又很正常。

如果這還不算妄想的、精神病樣的經歷，那我所有的精神病學訓練就都失去意義了。我有視覺幻象、妄想、強烈的情感(憤怒、焦慮、喜悅)，還有最明確的定向障礙及其類似現象——虛構。這個對清醒大腦而言如此瘋狂的故事，在夢中的我看來卻是如此正常。

精神疾病中的睡眠有甚麼變化？

這能告訴我們有關化學失衡理論的甚麼信息呢？對此大多數人能憑直覺給出一個普遍的答案，焦慮和其他諸如喜悅等能夠增加清醒式大腦激活的情感會妨礙睡眠，這一點可通過提高介導清醒及抑制睡眠的胺能系統的調定點來實現。除引起令人不快的失眠外，它們還能導致睡眠剝奪，或至少是睡眠減少。從第五章的討論中我們瞭解到睡眠剝奪不僅僅是功能障礙，而且可能確實不健康。

無論出於何種原因，當病人的精神逐漸變得病態時，睡眠也會受到干擾，由於極度的睡眠剝奪能使人進入譫妄狀態，故睡眠受影響會增加正常的睡眠譫妄轉變為精神分裂症或情感性精神障礙的風險。想像一下洗腦、恍惚狀態以及政治、心理、文化禮儀壓迫下對背叛的懺悔，無一不牽涉到睡眠剝奪。到最後睡眠被剝奪的人願意做任何事情，說出任何秘密，只求換得片刻的睡眠。

因此，睡眠喪失在精神病的發展中極其常見，且有着巨大的推動作用。就精神分裂症(現在被認為是多巴胺釋放過度和/或多巴胺效應增強導致的精神障礙)來說，我們可以假設多巴胺系統與清醒狀態的其他調節者——去甲腎上腺素和5-羥色胺有間接而積極的交互作用，而與乙醯膽鹼系統有直接而消極的交互作用。對我的「夢如譫妄」理論來講，值得關注的是慢性精神分裂症患者的睡眠沒有顯著變化。

對於主要情感障礙性疾病，情況則變得異常多樣化。首先是抑鬱，現在被認為源於5-羥色胺和/或去甲腎上腺素缺乏，突出特徵是與年齡匹配的對照者或自身好轉後相比，其快動眼睡眠傾向於更早出現、更為強烈且持續時間更長，這意味着同樣為膽鹼能系統所強化的抑鬱也具有與睡眠控制相同的神經元系統的功能障礙。將這一觀點稍作延伸，它還表明容易抑鬱者也容易進入快動眼睡眠，反之亦然。抑鬱患者的睡眠改變及其推定的神經調節機制見圖8。這是一個出人意料的結論，因為正如我們看到的那樣，夢不像是抑鬱型精神失常，而抑鬱也不似譫妄！

該怎樣解釋這些明顯的差異呢？首先得承認現有的知識還不足以作出解釋。其次，要指出最有希望產生成效的研究途徑。其中之一肯定來自以下事實，即儘管最有效的抗抑鬱藥通過增強受抑制的胺能系統並削弱超激活的膽鹼能系統從而抑制快動眼睡眠，但它

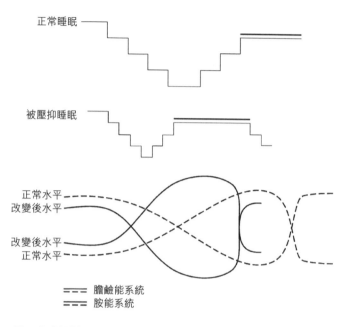

正常睡眠

被壓抑睡眠

正常水平
改變後水平

改變後水平
正常水平

＝＝＝ 膽鹼能系統
━━━ 胺能系統

圖8 很多抑鬱患者在第一個睡眠週期經歷了早發的快動眼。第一個快動眼期也可能比正常情況持續時間更長，程度更強烈。抗抑鬱藥可通過增強胺能系統並削弱膽鹼能系統來使這一過程發生逆轉。

們的作用時程卻大不相同。快動眼睡眠障礙可以即時修復，而治療情感障礙可能需要數週時間才能起效，這意味着睡眠和情緒之間的關聯是長期的、順流式的腦過程，這一過程我們現在尚無法描述，但幾乎可以肯定是依賴於基因表達的改變。

　　另一條希望之路是僅一夜快動眼睡眠剝奪可以迅速釋放白天的壓抑。這一發現表明，如果在情緒控制

方面已經存在問題，快動眼睡眠化學體系將誘發抑鬱。快動眼睡眠過度膽鹼能化能否誘導抑鬱？這是有可能的，因為已知那些急劇增加快動眼睡眠的膽鹼類藥物會加重抑鬱。

我們現在面臨的是兩種模式，一種控制睡眠，一種控制情緒，它們如此接近，讓人充滿期待，即將但尚未完全融合。那些渴望大腦和精神擁有統一理論的人必須保持耐心，對現狀知足，至少現在「杯子」已經超過半滿，而就在25年前，「杯子」還是空空如也。

第八章
夢的神經心理學新說

　　睡眠實驗室的夢學研究很快遭遇瓶頸，這是因為「一對一」的夢內容分析理論過於雄心勃勃且缺乏科學性，難以導引一個由於太過表面化因而無法提供大腦詳細數據的生理學項目，結果1975到1995成為睡眠和夢學研究史上極富爭議、成果貧乏的20年。美國國立衛生研究院的基金委員會開始削減睡眠實驗室的研究經費，特別是那些描述性相關性夢研究項目的經費，這一點令人失望卻又情有可原。

　　與此同時，有關動物睡眠的神經生理學研究卻在飛速前進，並提供了關於大腦的詳細信息，但這些只能通過運用夢形式理論勉強與人類心理學抗衡。很多心理學家對此感到不滿，其中有些人對從貓身上獲得的細胞分子證據能否應用至人類表示懷疑，這可以理解；還有一些人則是因為不能或不願放棄夢的內容分析理論。以戴維・福克斯為首的一些心理學家堅信自己盡失支持並不公平，因而對生理學導向的夢研究進行了激烈抨擊。

腦成像成為救星

20世紀最後十年被美國國會正式宣佈為「大腦十年」，在這十年的後半期，腦成像技術在人類歷史上第一次使直觀觀察與意識狀態改變相關的大腦局部激活及失活成為可能。上面提到的意識狀態改變中最主要同時也適合我們挑出來作為首選切入點的幾個分別是：清醒、睡眠與做夢。這一科學方法雖然還很年輕，但正在飛速發展，並已經在夢科學領域掀起了一場翻天覆地的變革，使我們有機會對夢及清醒與清醒及快動眼睡眠局部大腦激活的形式特徵作出比較。

在描述這一方法是如何工作前，我們先來看一下如何應用腦成像的數據來解釋夢形式主義的兩個例子——幻覺的強度(在做夢時通常變得相當誇張)和定向思維(在做夢時通常減少或完全消失)。由於其空間分辨率遠勝於腦電圖，腦成像技術使人們可以記錄到與幻覺和思維關聯的局部大腦活動。運用一種稱作正電子發射斷層成像(PET)技術進行的研究顯示，大腦多形區域激活增強，

而這些區域正好是我們預測幻覺感知時會激活的部分(頂葉皮質區)。這些研究還發現前額葉背外側皮質(見圖9)有與之相對應的激活受抑，該區域被認定是工作記憶、自省、定向思維的腦區或發源地。換言之，由於局部大腦激活的改變，與清醒時相比，快動

眼睡眠時幻覺有所增強、思維受到激發。

這些觀察是如何實施的？這又與我們已知的大腦化學物質整體變化及其潛在的生理機制有何關聯？

如果你曾做過計算機斷層顯像（CT）或磁共振成像（MRI）這些在醫學和神經科學領域已取代X線攝片的檢查，那麼你已經享受到了腦成像技術革命的成果。這兩項技術及正電子發射斷層成像都是通過計算組織之間的密度差異（CT）或功能激活的差異（MRI和PET），生成大腦組織本身而不僅僅是顱骨的影像。它們利用了大腦組織密度隨血流變化、隨神經元激活或失活而改變的事實。當神經元變得更為活躍時，它們需要消耗更多的氧氣，而氧氣供應來自激活區血供的增加，正電子發射斷層成像和功能磁共振成像掃描使這樣的區域激活（和失活）變得「直觀可視」。

隨着計算機技術被用於三維數據的組織和處理，人們就可能從多個不同的角度同時觀察多個不同大腦區域的活動。根據研究者的指令，電腦決定從哪個角度攝像，在多少深度上聚焦進行密度分析，然後輸出無數度量密度的像素或點，把它們繪成一張二維圖即我們平時看的斷層成像片，還可以應用不同的顏色代表不同的密度模式，以使讀片更為容易。

從研究角度來說，正電子發射斷層成像因其空間分辨率較高而頗具吸引力，但必須認識到，即使是應用該技術也難以達到基礎睡眠研究中微電極和微注射

技術實現的細胞分子水平，二者依然存在差距。我們之所以能夠容忍這個差距，是因為正電子發射斷層成像能給我們提供即使微注射技術能應用於人類（事實上不能）也將需要幾十年甚至幾個世紀才能認識到的許多信息，還因為我們知道在動物研究中要填補這一差距只是個時間問題。

同時，我們為正電子發射斷層成像在人類睡眠和夢研究方面獲得的重大發現而歡欣鼓舞。表3顯示了與清醒時相比人類快動眼睡眠時激活和失活的大腦區域，還對疾病尤其是因中風意外損傷部分大腦後分析夢境變化所得的數據進行了比較。為有助於理解，可以參考圖9，該圖顯示出快動眼睡眠期較清醒時更活躍或更不活躍的腦區位置。

表3　快動眼睡眠時大腦激活的圖像及腦損傷對夢的影響

大腦區域	快動眼期激活的PET研究	腦損傷對夢影響的研究
橋腦背蓋區	↑	－
緣腦結構	↑	↓
視皮質	－	
緣上回	↑	↓
前額葉背外側皮質	↓	－
額葉中基部	↑	↓

說明：↑，增加；↓，下降；－，無變化。

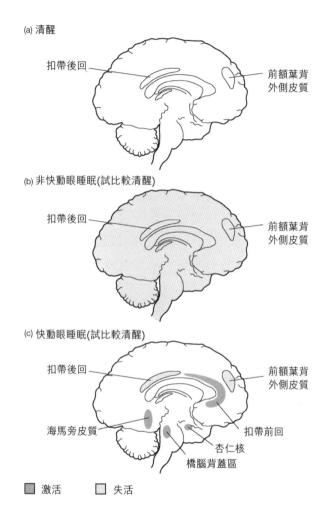

(a) 清醒

扣帶後回　　　　　　　　　　　前額葉背
　　　　　　　　　　　　　　　外側皮質

(b) 非快動眼睡眠(試比較清醒)

扣帶後回　　　　　　　　　　　前額葉背
　　　　　　　　　　　　　　　外側皮質

(c) 快動眼睡眠(試比較清醒)

扣帶後回　　　　　　　　　　　前額葉背
　　　　　　　　　　　　　　　外側皮質

海馬旁皮質　　　　　　　　　　扣帶前回
　　　　　　　　杏仁核
　　　　　橋腦背蓋區

■ 激活　　　□ 失活

圖9　在非快動眼和快動眼睡眠時大腦區域激活的正電子發射斷層成像研
　　究證據概覽。與清醒(a)時對比，非快動眼睡眠(b)時觀察到血流分
　　佈的全面下降顯示出與夜晚早期意識體驗能力大幅下降一致的普遍
　　失活。在快動眼睡眠(c)時，很多區域的激活超出其清醒時的水平
　　(純黑)，而另一些則處於失活狀態(陰影)。

接下來的發現尤為有趣：與動物快動眼鮮明化學性激活模式重要發源地相對應的人腦區域的激活；介導情感、驅動人類行為的邊緣前腦廣大區域的激活；控制情感特別是恐懼感的邊緣系統的激活；大腦多形「聯想」區域的激活。

形式學觀點認為夢與清醒不同在於：與清醒狀態相比，夢多被內源性因素所控制，更易引發幻覺，更加情緒化，更多地為本能所驅使。而上述區域激活信息與形式分析的這些觀點是相符的。夢科學家們在比較這兩個狀態各自的精神和大腦形式的過程中是在「做減法」。在比較的第一步我們要問：大腦的哪些部分在快動眼睡眠時更活躍，它們與做夢時強化的精神狀態的形式方面是否相對應？

夢與清醒時相比的另一個特徵是一系列相關聯的認知特徵的缺乏，包括自我意識及對現實測驗能力的弱化、記憶力減退、邏輯推理能力缺損，最顯著者莫過於定向思維能力的喪失。現在的影像實驗研究告訴我們，前額葉背外側皮質的正常激活可以維持清醒時的各種功能，而其在快動眼睡眠時處於失活狀態。換句話說，這種情況下的「減法」顯示清醒狀態擁有更多的心理特徵和潛在的局部大腦激活。

這些驚人的聯繫簡直令人難以置信，事實上，這促使我們去思考每種情況背後的因果聯繫。夢之所以有如此強烈的認知特性，如此本能而又情緒化，有如

此多的超聯想，是因為支持這些功能的大腦區域更為活躍。我們之所以不能正確地分辨自己處於甚麼狀態，弄不清時間、地點和人物，不能縝密或主動地思考，是因為支持這些功能的大腦區域相對不夠活躍。難道就這麼簡單？為甚麼不是呢？很多看似複雜的謎團在簡單的科學真理出現後逐漸被解開，這才是還原論的真諦。

現在我們不由得記起，對夢時心理功能弱化相關的大腦局部進行分析揭示，這與快動眼睡眠激活的大腦中缺乏去甲腎上腺素和5-羥色胺有關，而這兩種化學物質是注意力、學習、記憶（暗含方向感和主動推理）所必不可少的。反過來，在該狀態下不僅未受抑制而且被激活的膽礆能系統可能有助於那些為大腦區域激活介導的徵象出現，其中包括幻覺、超聯想和超感情化等。

故事越來越精彩了。人們甚至會想夢內容的精神分析現在還能做些甚麼呢？在第十一章我們還會回到這個話題，現在簡單地講，那些弗洛伊德試圖用其願望–滿足、偽裝–監察理論來解釋的夢的特徵，已經被一種他認為終將成為可能的方式——生理學和大腦化學成功地解釋了。

我們的整合程序能更進一步嗎？有可能。舉個例子，假設人類快動眼睡眠時局部大腦激活的改變因某種原因與神經元調制的轉變有關，這其實是很有可能

的，因為既然身體其他部分的血流都是由這樣的調節系統所控制，在大腦裏當然也不會例外。換言之，要改變局部大腦激活和失活的複雜模式，有個簡單的方法就是改變神經元調制的平衡，以此改變血供，進而激活神經元。調節系統很可能通過直接(突觸性)和間接(血管性)兩種作用來影響神經元的功能。從腦科學中找到答案已為期不遠。

關鍵是人們現在可以看見自己的大腦活動，而在15年前這只是夢想而已。

1984年7月6日　頭痛　第34號夢例

自從1984年1月19日患上叢集性頭痛綜合徵後，我發現5月和6月病情有所好轉，頭痛發作的頻率和強度都在下降。昨晚，我夢見我在檢查自己的大腦

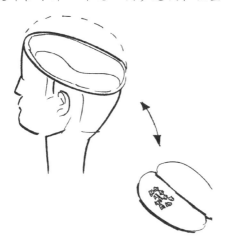

（好像是在死後，但這一點夢裏並沒有提示）。我帶着強烈的好奇心掀開了頭皮和頭蓋骨，心想：「至少我能知道是甚麼導致了我的頭痛。」然後，你瞧！病因找到了——一個大氣球形狀的包塊（或許是空氣）把腦組織擠壓到了顱腔的下三分之一，腦組織表面還能看到凹陷。

在仔細觀察大腦左半球時，我注意到那裏被蟲蛀過，這可以解釋為何我總是難以記住某些特殊的名字（幾乎可以肯定這與年齡有關）。我對看到的一切興致勃勃，沒有半點恐懼；我絲毫沒有意識到這其中的矛盾（紊亂的體系？），我在看着我自己的大腦，而這一狀況出現的前提是我必須有兩個大腦，但那樣的話，腦中腦就夠了。

記得我還自言自語道：「嘿，快醒醒，這樣你就能想起剛才那奇妙的一幕了！」

我能有如此的清醒度來喚醒自己，使我懷疑這個報告具有意識的自我暗示性，但據我所知，我並不曾有意去誘導它。相反它只是簡單地反映出我當時的無意識神經生物學自我分析。

腦損傷會導致夢的改變嗎？

先是心身問題造成了精神病學和神經病學之間觀

念和政治上的裂痕，隨後弗洛伊德不慎的二元論又使這一裂痕變得更深，結果夢科學花費了相當長的時間才認識到腦血管意外(俗稱中風)和癲癇發作可分別導致夢的形式特徵減少和增加。

中風發生在腦血管因動脈粥樣硬化斑塊形成而堵塞或被來自心臟的血栓阻塞時，受累區域的腦組織得不到工作所需的氧氣。當大腦的多形感覺皮質(頂葉的一部分)或深部額葉白質受損時，夢可以完全喪失。讀者可以從表3中看到，這些都是快動眼睡眠時選擇性激活的大腦結構，幾乎可以肯定這並非巧合，它表明這兩個區域是做夢所必需的。

你可以通過任何你喜歡的方式來激活睡眠時的大腦，但如果不激活頂葉皮質或深部額葉白質的話，將不能產生夢的心理體驗。為甚麼不能？難道這些有限的、分散的大腦區域就是夢的溫床？也許不是。看起來更像是這些區域提供中繼，使其他大腦區域之間以一種可維持夢意識的方式互相交流。

當中風位於枕葉的視區，又一相關區域而非原始處理區，病人會報告說夢裏沒有視覺圖像。要理解這些發現，我們必須認識到當視網膜編碼的視覺刺激到達初級視皮質時，呈現的只是圖像的一些簡單特性(如邊緣或欄杆)，複雜的完整圖像(如房屋或人臉)是在其他區域構建和呈現的。大腦皮質中有20個以上這樣的次級或相關視區。

盲人在夢裏有視覺嗎？

這一問題的答案取決於失明是先天的還是後天造成的。

先天失明的人不論是在清醒時還是在夢裏都不會有任何視覺成像，這是因為他們的視覺系統與外部認知世界從無必要的交互作用，以致視覺認知或視覺編碼不能產生。因此，當他們的大腦在睡眠時被激活，由於沒有圖像編碼存在，他們就無法調出任何圖像。當然視力並不是視覺受損個體唯一的感覺通道，他們的體覺或空間位置感顯著增強，且增強程度與視覺系統信號的損失成比例。所以這些個體做夢時確實會經歷其他的幻覺體驗，只是表現模式與視覺不同。

後天失明的人以前曾有過視覺，他們的大腦已經發育出認知能力和回憶圖像的能力。他們在清醒時閉上眼睛可以創造圖像，在睡眠中大腦自動激活時同樣可以創造精巧的圖像。事實上，夢是後天失明的人看得最清楚的時候，這讓我想起了達·芬奇的問題：「為何我們的雙眼在夢裏看得比清醒時更清楚？

有一個盲人受試者告訴我們，他特別喜歡做夢時看見的情景，因為在夢裏他可以隨心所欲地看見自己的家人。這說明我們可以並且應該教會後天失明的人去回憶自己的夢，甚至去塑造夢的內容，因為在清醒時他們長期不能看到自己的家人，而在夢裏他們可以與家人有逼真的知覺接觸。我們有個受試者可以詳細描述在夢裏拜訪父親時，看見他那郵政局長帽子上的金色鑲邊。

癲癇是受累大腦區域的正常活動被強化和損傷後的一種異常狀態，它提供了一個與中風完全相反的天然實驗模型。蒙特利爾的神經外科醫生懷爾德·潘菲爾德(Wilder Penfield)及其同事神經生理學家赫伯特·傑士伯(Herbert Jasper)對顳葉癲癇進行了詳細的實驗研究，結果顯示直接電刺激顳葉可產生與自發癲癇毫無二致的「夢樣狀態」。

　　這些癲癇狀態之所以是「夢樣的」，就是因為它們與正常的夢有某些共同的形式特徵——它們可以有幻覺，過度情緒化，認知不清，而且難以回憶。既然我們已經知道顳葉在快動眼睡眠時被選擇性激活，我們不得不問「難道這只是另一個巧合？」答案可能又是否定的。我們須認真看待如下觀點，擁有膽鹼能系統引發的脈衝樣活動的快動眼睡眠獲得對顳葉的電刺激後，這一刺激向周圍相連的結構擴散，使人出現類似癲癇和精神病某些方面的夢樣狀態，而癲癇和精神病都有明確的物質介導機制。

　　儘管成像技術近乎完美地呈現出夢中發生的一切，但相關神經心理學領域依然很新很年輕，發展非常滯後。隨着腦損傷對夢產生的其他影響被納入研究，我們可以期待獲得更多的信息。不過此刻我們可以肯定，鑒於夢是大腦功能的一種，腦損傷當然會對夢有影響。若非如此，那又能如何呢？

第九章
夢、學習和記憶

　　夢參與記憶重組的觀點被提出至少已有30年，但直到最近五年一系列強有力的明確證據才得以發現。我的同事羅伯特·斯迪科高德(Robert Stickgold)是研究這一領域最重要的科學家之一，正是他的工作奠定了本章的基礎。本章最基本的假說是快動眼睡眠有助於鞏固記憶，這一假說以前一直有很多正面的證據支持，但均不夠分量。它的誘人之處在於大腦處於激活狀態，而夢卻由記憶片斷組成。最近的實驗證明了這一假說，儘管現在看來非快動眼睡眠也同等重要，更有趣的是，夢–記憶設想在以下兩個方面得到了加強：

1. 由於認知神經科學的發展，人們可以更好地描繪和區分可能受睡眠影響的學習和記憶過程。

2. 由於基礎睡眠神經科學的發展，在看起來支持學習和記憶不同方面的大腦動態變化方面，人們所掌握的細節已足以對睡眠學習過程進行建模。

　　正如我在本書裏不斷強調的那樣，夢是一種意識

體驗，而快動眼睡眠或出現在深夜的非快動眼睡眠是引發意識體驗的大腦生理狀態，我們必須堅持這二者是有區別的。就像人們可以不記得夢而快動眼睡眠照樣能進行，我們認為學習和記憶重組也能在人們毫不察覺的情況下發生。我們所能期望的最好結果就是，新的夢形式分析方法或許能幫助我們理解記憶重組的規則。

動物的快動眼睡眠和學習

　　早期應用實驗動物研究睡眠和學習時，兩種互補的理論得到證實。大鼠成為這一研究的對象，儘管人們對貓的大腦瞭解更多，但後者的學習能力實在太差。養貓者可能會反對這一令人不快的比較，他們確信自己的寵物就算不比老鼠聰明，至少也不比老鼠笨。但貓是家養動物，無需學習太多就可以生存；而大鼠是野生物種，需要適應更艱難的生存環境。

　　第一個理論通過監測受試者學習新知識後的睡眠情況，發現快動眼睡眠隨學習的增加而增多；第二個理論則通過剝奪快動眼睡眠發現學習能力受損。這兩個理論的關注點都在快動眼睡眠。對前一理論而言，快動眼睡眠的增加常呈現驚人的滯後，且時間有限，這引導卡萊爾·史密斯(Carlisle Smith)提出了記憶鞏固的「快動眼睡眠窗」概念。這一概念類似於同樣與學

習密切相關的發育關鍵期，鑒於快動眼睡眠狀態在未成年動物中普遍存在，該發育關鍵期可能還與快動眼睡眠有關。

一些在旅行時記錄夢的學者，如米歇爾・朱維特，報告說新地點的信息摻入夢境呈現驚人的滯後現象，特瑞・尼爾森 (Tore Nielsen) 對夢摻入個人經歷進行系統的實驗室研究後也有類似發現，就夢而言，這些都是與考慮學習時機和人類快動眼睡眠窗最相關的內容。如前所述，兩個信息來源都顯示，大腦需要好幾天甚至是一週的時間才能用新信息改變自己的思想，如此一來，在考慮行為成份時我們顯然要面臨一個長期的過程，切勿期望所有的學習都能在一夜之間一蹴而就。

如何解釋夢的重複出現？

從一個人到另一個人，從一個夜晚到另一個夜晚，夢明顯具有始終如一的特徵，我們把這種特徵叫做「形式」以彰顯其與「內容」的區別。形式是指夢具有可視性、強烈的情感和古怪的邏輯特質，其時間、地點、人物具有無限的可塑性和可變性。換句話說，夢境的怪誕會反復出現，我們認為正是這種反復出現的怪誕特徵使大多數人認為夢的內容是重複的。

我們知道內容本身可以重複，特別對於第六章討

論的那些創傷性夢例，但當正常人將其所謂複現的夢記錄下來時，我們驚訝地發現重複出現的只是夢的形式特徵，如焦慮可能是夢最常見的元素。那麼人們為甚麼焦慮呢？譬如說考試。只要我們想想焦慮和情緒在夢的構建中所起的重要作用，就會覺得那不足為奇。人們都焦慮些甚麼呢？他們為自己的表現及相應的評價而緊張，那麼還有甚麼評價比考試成績更具壓力或更重要呢？因此，考試常常成為夢中反復出現的主題。

然而，與考試有關的夢常在定向細節上大相徑庭，它們發生於不同的房間、不同的地點，涉及的科目也不同，但其共同點在於做夢者都覺得準備不足。這在現實生活中並不罕見，尤以忙碌、競爭激烈者為甚。這可能與我們在夢裏難以表達自己的想法有關，也就是說夢的另一個形式特徵是無法記憶。在夢裏，人很少能記住甚麼事情；尤為奇怪的是，儘管夢包括了很多的記憶片斷，人們卻不會在夢裏突然停下來說「咦，那讓我想起了甚麼」，或記起一些諸如某個夢中人物最近剛去世的事實。可能正是這種思維的缺乏，加上焦慮及其最常見的搭檔 —— 對失敗的恐懼感，共同引發了個體所謂反復出現的考試夢。

讀者可能認為我們是在試圖辯解而不是解釋再發的夢，但事實並非如此。反復出現的只是特定的情感顯露場景，它們取決於夢的某些形式特徵且具有高度

的可重複性。每個夢都以視覺感知和強烈情感為特徵，情感以高興、憤怒和焦慮最為常見。隨之而來的還有我們自己過去的經歷，與這些情感相關的種種的經歷可能會出現在夢裏。

人類的學習和記憶

學習和記憶最顯著的差別體現在程序性任務上，此時個體需要面對感覺運動挑戰，其中一些還是在完全無意識的情況下面對的。

在執行視覺分辨卡爾尼－薩吉(Karni-Sagi)任務時，個體的表現不知如何也不知為何得以改善；睡眠之後再測試會發現他們做得更好，但同樣原因不明。在視覺分辨任務(VDT)中，人必須緊盯屏幕中央的某個標誌如L或T，然後當屏幕的另一部分閃現一個異常刺激排列(代替了)時予以示意。我們採用了認知科學常用的反應時間快慢作為測量指標，經過不到一小時的訓練，大多數人的下意識識別變得非常迅速。

儘管人們不知道自己是如何做到這一點的，但他們確實能很好地完成任務，並在訓練期間得到顯著改善，「改善」是通過接受刺激的時間縮短時作出正確判斷比率的高低來衡量的。我們並不認為這是記憶(其與夢可能關係不大或完全無關)，但它可能是我們學習大多數東西時的典型表現，故而相當重要。換言之，

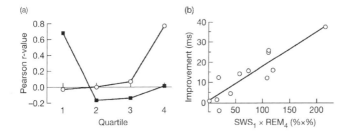

圖10 視覺分辨任務學習。（a）夜間慢波睡眠（SWS）和快動眼睡眠
（REM）與學習的相關度。對夜間的每四分之一時段計算SWS的百
分比和次日改善度（實心方塊）及REM的百分比和次日改善度（空
心圓圈）的直線相關系數。（b）記憶鞏固的二階段模型。改善度作
為夜間前四分之一的SWS量和後四分之一的REM量乘積的函數被
繪製成圖。兩種睡眠的量都以其佔夜間總時長的百分數表示。圖
示的強相關表明一個兩階段鞏固過程即一個早期的SWS依賴過程
和一個晚期的REM 依賴過程的存在。

人們學會了無數的過程卻難以言表。大多數學習都是
無意識的，這種學習被稱為程序性記憶，以區別於情
景記憶和語義記憶。

　　當受試者第二天再次接受卡爾尼–薩吉測試時，人
們發現其表現與睡眠質量密切相關。如果被剝奪快動
眼睡眠，他們會表現得像新手一樣，既往接受刺激的
體驗顯示不出任何優勢；但如果他們能在前夜熟睡且/
或在深夜有長時間的快動眼睡眠，那麼第二天所學技
能將會保持甚至還會有所改善。如果上述兩種睡眠都
能保證，改善效果可以達到最佳。如圖10所示，兩種
睡眠測量值的乘積和行為改善之間的相關度幾乎是百
分之百。我們進行了在睡眠時程和困倦度兩方面都匹

配的對照，證明正是睡眠本身有益於技能的改善。

　　這一結果由於下述原因而顯得頗為重要：一、它很有說服力；二、它具有高度的可重複性；三、由於它是完全無意識的，所以無法偽裝；四、學習可能發生在大腦的某一特定的、可界定的區域即初級視皮質，這使得該實驗性理論適於應用成像技術來研究。不幸的是大鼠無法學習這樣的任務，所以我們還不能輕而易舉地揭示睡眠促進作用的細胞神經生物學基礎。至於貓就更不能指望了。

做夢本身和學習的關係

　　那些從未掌握卡爾尼-薩吉任務的人不會以任何與其能力相關的方式夢到自己正在做這個測試。是不是有些清醒時的學習體驗如此深刻，以至於在酣睡者的精神狀態或想法中能明顯窺見其蹤跡？我們在前面曾經提到一些滑雪者和水手的報告，他們注意到在入睡時會再次出現滑雪或航行運動的幻覺，我們還知道入睡時的精神體驗也與夢類似。

　　所以，想知道學習對精神內容的影響就得接受入睡時做夢這一事實，如欣然接受這一大自然饋贈的禮物，就能從中學習，就像我們最近在研究初學者學習視頻遊戲「俄羅斯方塊」和「動感滑雪」時所發現的那樣。

學習玩這些流行遊戲的人有一個共同的特點，就是會報告在剛入睡時有插入性的遊戲畫面，亦即在睡眠時他們仍然有習得的陳述性記憶或情景記憶。毫無疑問，這意味着大腦為自己的經歷製作了一個可恢復的記錄，並將其保存於記憶中，稍後在轉入睡眠這一狀態時進行回放。這給我們追蹤睡眠過程中大腦在清醒狀態時的體驗提供了絕佳的觀察點和標識物。

　　幸運的是，人們為這一現象找到了一個動物模型。當大鼠學習走迷宮時，在其大腦的海馬區經常能發現成對神經元隨學習而增加的相關放電，似乎神經

夢是由消化不良引起的嗎？

當然不是。19世紀的科學家們最早提出夢的「消化不良」論，否則他們就無法解釋睡眠時的大腦激活。他們認為這樣的激活一定來自外界刺激。當然，如果某人感覺胃痛或暴飲暴食一頓，食物的消化過程及其導致的化學紊亂很有可能導致覺醒，而這些覺醒可能與夢的回憶相關。當人在這種胃腸大腦激活的狀態下入睡時，思想內容與飲食不當相關並非不可能，這或許會使人們誤以為夢一般是由外界刺激造成的。

事實上，白天經歷的外界事情對夢的發生影響很小。弗洛伊德認為夢是由近期記憶誘發的，但我們發現進入夢境的近期記憶極少，傳記性事件情景記憶的某些片斷可能會摻雜其中，但類似的完整回憶從未發生過，實際上近期記憶只有部分片斷進入夢境的構建，與來自遠期記憶的其他材料一起成為大腦激活進程中隨機塗鴉的情節的一部分。

元在製造一條物理鏈接來代表老鼠的方位地圖。這種交叉聯繫在入睡時再現，彷彿老鼠的大腦和那些玩「俄羅斯方塊」或「動感滑雪」的人一樣，在睡眠時會重複白天經歷的大腦編碼。該現象的細胞分子機制目前已能被研究。

現在我們可以以一種全新的視角來審視睡眠時的大腦激活，它的確能反映以往的經歷，至少有些時候能。你會說：「當然能了，我一直是這樣認為的。」但你怎麼能肯定呢？你又怎能在沒有任何標識的情況下準確判斷大腦如何處理白天的體驗？現在有了標識物，我們就更有理由提出下述問題：

1. 既然來自意識清醒和聯想的陳述性記憶如此強烈地依賴於海馬結構的完整性，那麼是否可以認為白天的經歷被暫時儲存在海馬中等待進一步處理呢？

2. 在快動眼睡眠中大腦被再激活時，陳述性記憶的片斷而非全部情節是否會從海馬中輸出？

在等待一個更加系統化的答案前，先來看看下面這個有關直升機的夢，它展現了我將要闡述的關於記憶的許多觀點。

1977年7月14日　直升機　第3號夢例

有一天我帶着克里斯去比薩，我們在市郊看到了兩架直升機。當天晚上，我夢見兩架直升機向反方向

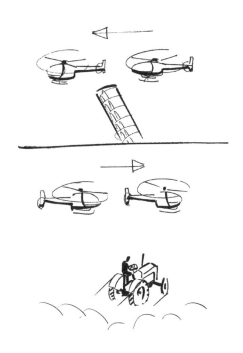

飛去，然後它們似乎停在了我位於佛蒙特州的牧場
上(前一天，克里斯曾說過，飛機有時降落在阿爾
卑斯山的高峰上，但我對此表示懷疑)。

當其中一架飛機接近凹凸不平的地面時，我注意到
飛行員是羅傑·霍恩(Roger Horn)(夢工廠的展覽設
計者)！我以夢特有的無聲方式大聲呼喊，提醒他
小心。突然，不等我明白過來，直升機就變成了拖
拉機，而且是那種有著巨大輪子的農用拖拉機，它
在撞上地面時突然散開了，一個巨大的輪子失控般

向山坡下滾去，而拖拉機的剩餘部分則轉向左邊，羅傑在後面奔跑着追趕。

這個夢就像卓別林的電影一樣，充滿了喜劇性突變同時又有些嚇人。羅傑現在和拖拉機分開了，眼看他徑直衝向一堵牆，然後腦袋砰的一聲撞在牆上，頭暈眼花，連續後退了幾步。

根據實驗數據和類似的夢例，我們現在能夠建立一個新的超越所有現行技術分析方法的睡眠學習和夢的記憶模型。在給出的夢例中，除了觀察直升機誘發與危險相關的情感顯露（或重要性），還有另外兩個危險因素：佛蒙特州的拖拉機駕駛以及我那脆弱的朋友羅傑。這已經清楚地告訴我們，大腦對信息的儲存不同於磁帶記錄儀、縮微膠卷生成系統，甚至是內容尋址存儲器，也就是說，它並不只是簡單地提取體驗，然後將其存放在某個大腦深處以備將來參考之用。

相反，大腦只在相對較短的時間內清晰地保留體驗記錄，可能就在海馬區及直接相關的皮質結構。在大約一週的時間內，人們在白天可以提取這段記錄而在夜間則不能。這一模型可以解釋為何我從來不曾夢到當天的經歷而在次日卻很容易就想起來。大腦利用睡眠以一種兼顧效能和效率的方式對其學習和記憶的長期組分進行一點一滴的調整。

　　先說效率。假如大腦如弗洛伊德及其眾多追隨者們所說對每件事情都保留了詳細記錄，那任何事情都不會被遺忘。這種說法要成立，大腦根本缺乏足夠的存儲空間，所有證據都不支持，而它本身也不能很好地解釋一些現象，例如信息檢索如何進行？我需要一個事實上無限大的查詢系統，而這將耗費大量時間和空間，這從生理學角度來講也是不可能的。實際上，記憶經過大腦的再加工，變成一系列更具普遍性的思維定式，從而在特定條件刺激下以特定方式去行動和感受。

　　就效能而言，這是程序性記憶的模型，但其涉及的不止感覺運動一個方面，它還包括本能優先及情感顯露的考慮，從而成為弗洛伊德式潛意識的拓寬型，且更易接受。我的潛意識進程不再是一口沸騰着恐懼欲望的大鍋，而是擁有豐富的資源並能隨時作出反應，我在做大多數事情時都是不假思索的，它就那樣自然而然、適度而合時宜地發生了。我的情感大腦

「知道」直升機、佛蒙特州的拖拉機和緊張的展覽設計者有某些共同之處。

但我確實也需要一個有意識的陳述性記憶系統，它必須充足、精確、可以更新，尤其是要與定向事宜相關。

* 我是誰？我生命中的關鍵人物是誰？
* 我在哪？我怎麼能找到通往那些對我至關重要的地方的路？
* 這個或那個顯著的事件是何時發生的？
* 我當前的任務是甚麼？未來的目標又是甚麼？

這些是我思想的意識部分，儘管我希望它能像潛意識那樣工作，我還是願意且能夠承受約束，並精心製作一些小道具和通過一些小技巧來使之發揮作用，例如：我用日記及時記錄自己的經歷；我用地址簿來保存一些關鍵人物的地址和電話號碼，以與其保持聯繫；我用日程表對未來進行計劃。我根本無法把所有的事情都記住，但只要我運用這些記憶工具，也就不想也毋需把所有的事情都記住。我的夢揭示了睡眠狀態下的程序性記憶和陳述性記憶系統是如何交錯又相互影響的，它們總是很重視行為中的共性部分而對方位細節則不那麼在意，這樣做主要是為了提高效率，亦即它們為獲取歷史的準確性而犧牲了整體的情感關聯度。換句話說，我的夢顯示在其程序組分中展現出來的日間經歷是多麼少，而情感顯露又是多麼多。畢

竟，大多數的細節都是繁冗的。我已經知道我是誰，
我的關鍵人物是誰，我在哪裏居住和工作，我做過甚
麼，正在做甚麼，將要做甚麼，這就夠了！

第十章
夢的意識

弗洛伊德釋夢理論的重點在於潛意識，這一精神力量在其理論中被看作一種具有持續威脅性、幾乎不受任何限制、不為社會心理所接受的欲望集合體。把這一觀點倒過來想，將潛意識主要視為盟友和通往生存和衍生合理社交行為的嚮導時，我們在重新定義潛意識，這種新的定義方式要求人們以全新的眼光審視一般的意識和特殊的夢意識。近十年來，人們對意識的大腦基礎有了更深入的理解，本章旨在描述現代睡眠科學對此作出了怎樣的貢獻，以及這種理解是如何讓我們把夢的模型轉向意識狀態改變——這一自20世紀60年代的迷幻時代起就已為人們所認識和讚美的改變。

在開始闡述這兩個主題之前，我們需要以一種與夢的形式分析理念及其相應大腦機制的認知神經科學方法相匹配的方式來定義意識。

意識可被簡單而無可爭辯地定義為人們對外部世界、自己身體和自我的察覺。最後一個特性即對自身的察覺，包括對察覺的察覺，即知道自己是有意識的。

意識是大腦功能的一種，兼具整體性和局部性，

糅合大腦-精神諸多不同方面的整體狀態就是正常的意識。其中某些方面見表4(生理構造見圖11)。

表4 負責處理意識不同組分的大腦區域

意識組分	大腦區域
1. 感覺	外周感覺器官
2. 知覺	皮質和皮質下加工
3. 注意力	丘腦皮質
4. 情感	邊緣皮質下(杏仁核)
5. 本能	邊緣皮質下(下丘腦)
6. 思維	額葉皮質
7. 定向	頂葉、額葉皮質
8. 敘述	左顳葉皮質
9. 意志	前額葉皮質
10. 動作	脊髓、肌肉

　　表4暗含兩個重要模型。其一是反射學家們鍾情的循序處理模型，該模型認為所有神經信息包括意識的處理加工都是自外向內、自下而上的；在終端經過整合後，再向下向外傳遞。其二是模塊理念，認同此理念的多為想要評估精神狀態的神經科學家或是希望理解精神特定部分的認知神經學家，抑或是那些既與神經科醫生有共同臨床目標又採納科學家生理研究方法的夢形式分析學家。

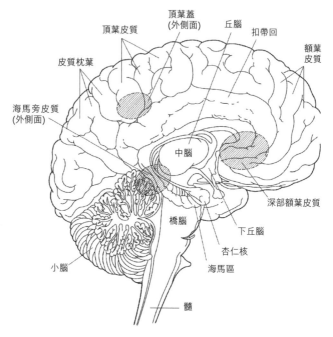

頂葉蓋
(外側面)

頂葉皮質

丘腦

扣帶回

皮質枕葉

額葉
皮質

海馬旁皮質
(外側面)

中腦

深部額葉皮質

橋腦

下丘腦

杏仁核

海馬區

小腦

髓

圖11 人腦構造圖

意識的完整性怎能如此輕易實現，這是所有面對這樣一系列模塊或循序處理過程的人需要理解的核心問題。人們隨時隨地會接觸到許多信息來源，但意識體驗卻能令人感覺如此天衣無縫、一氣呵成而又集中專一。這一困惑被稱為整合問題，學者們一直試圖用各種方式來破解這個謎團。「整合」在這裏是指把分散的部分連接成無瑕的整體。初次接觸這一概念的人可以從構成認知的五種感覺入手來考慮。多數科學家

認為，不同大腦區域為意識提供信息，它們之間的同步性是通過彼此間眾多相連部分節奏一致的激活來實現的。這一觀點在某種程度上可以解釋意識體驗的整體性，儘管它並未提及那些體驗究竟是如何出現的，或怎樣能像做夢或服用某些藥物後經常發生的那樣去改變其完整性。

這些正常而人為的意識改變需要另一個完全不同的整合機制，借此以化學方式將掌控不同意識組分的各個大腦部分結合起來，我認為這樣的化學統一是在腦幹中化學編碼神經元（神經調制）的影響下完成的。睡眠科學已經表明，當我們的意識狀態由清醒轉為做夢時，神經調制會發生顯著的變化。胺能－膽鹼能交互作用的模型為理解日常生活中正常體驗的意識轉換提供了基礎，不過它同樣有助於理解那些藥物誘導的或在精神疾病中意外出現的意識改變。同步性介導的整合可在幾毫秒到幾秒的時間內發生，而由化學調節介導的整合需要數分鐘到數小時。兩者我們都需要，並且我們必須充分加以利用直到我們瞭解所有問題的根源。首先，腦細胞的同步化學協調性激活如何引發意識體驗？其次，神經系統如何參與主觀體驗，即哲學家所謂的「感質」和戴維·查默斯（David Chalmers）所謂的「意識難題」。查默斯宣稱，神經科學還不曾，或許永遠都不會解決這一難題。如果你喜歡神秘並想要避開神經科學可能的影響，你可以在這裏找到出

路。神經科學家們不再比那些揮揮手說「奇跡就這樣發生了」的人更可信。大腦是神經元的集合體，它思故它在。

感質和意識難題：身心合一

我本人堅信，即使是意識難題、感質問題和身心問題都能夠被有效解決，只要我們知悉世界是經由兩個截然相反的過程在大腦中展現出來的。一個是自我組織的因果機制，它與高度的自我決定性一起與生俱來，由基因決定；另一個是我們的歷世體驗，它使我們體驗的象徵性表達進入神經環路，通過行為後天獲得。

這兩個過程無論源於先天還是後天獲得，都有大腦特殊激活程序的例證。如此看來，清醒和做夢互為鏡像，其交互作用貫穿我們一生，先創造意識，然後根據生活中不同的調適目的為其提供相應的信息。

你可能會覺得我們仍然不足以解釋察覺或「察覺的察覺」的機制。讓我們一起想想我們如何看，然後如何發現我們在看。就(自動的)反射視覺來說，眼睛以視網膜(內層)放電模式編碼不同角度的光線，這些信號被傳送至大腦，在那裏被整合為對外部世界完全抽象但又高度特異、富有意義的描繪(以圖像形式呈現)。我認為目前為止尚無人對這個模型提出質疑。如果你確實接受這個模型，那麼精神–大腦問題就得到了

有效解決。視覺世界不過是一系列神經元激活模式所展現的圖像，描繪這一圖像（察覺）只需一步，而描述察覺（亦即對察覺的察覺）則只需更進一步，直至我們完全清醒，每一步都涉及神經元的激活模式。

夢意識

夢意識能告訴我們甚麼呢？它告訴我們，毫無疑問，即使沒有任何即時的外界輸入或輸出，大腦仍然能夠產生異常豐富的意識狀態。我們還知道，夢意識狀態無疑取決於睡眠時的大腦激活，而激活（包括其高頻同步性和化學性神經調制）最佳的提供者是快動眼睡眠，這是一種存在於清醒前且為清醒始終依賴的大腦狀態。當然反過來說也是對的，至少就夢的內容而言是如此。我們需要清醒時的意識體驗以便在夢裏依葫蘆畫瓢，我們需要語言來使夢意識具有可敘述性，使夢的報告成為可能。

那麼夢的形式方面又如何呢？難道我們現在還無權斷言它們是與生俱來的嗎？當我們還呆在子宮裏時夢就已經存在於大腦之中了？在生命早期就已經行使功能，給我們提供組織結構基礎，以發展出完全的意識？是否至少說明某些意識組分可能在其他組分出現前就已存在？魯道夫·利納斯一路追蹤感質到單個神經元，我沿襲他的觀點提出，大腦的感覺運動自我激

活可能是感質概念的前身。請仔細閱讀下述報告並特別留意其中的動作成份。

橋　第7—8號夢例/1977年

昨晚，一個恐怖的橋之夢：伊恩、克里斯和我坐在一輛旅行汽車裏沿着橋拱上行。我們飛了起來，降落在一截欄杆上，搖搖晃晃的，但肯定不會掉下去。我下車尋求幫助，這意味着我必須跳下欄杆去，下落40英尺後掉進水裏，在水中繼續下沉約20英尺，才觸到底。然後我像子彈一樣射出水面，並試圖爬上橋拱，回到車裏。但這是一條單行道。路邊有個男人很輕鬆地把車舉了起來。

受利納斯大膽理論的啟發，我們先來考慮這類夢衍生的兩個相關問題，一是不間斷的運動感，二是「我」是否是運動的主體。我從夢中的橋上跳下去；我下落40英尺後掉進水裏；我「像子彈一樣」射出水面。這樣的夢動作完全是不現實的，它是虛幻的。怎麼會這樣呢？我們其實紋絲不動，但卻堅信自己正在這麼做。這意味着當利納斯宣稱在早期基本水平上自我感深藏於神經元群激發動作模式的能量中時，他一定相當興奮。儘管這不能完全解釋自我感如何出現，但它對解決另一個棘手的難題大有裨益，即如果「我」不是運動的主體，那麼誰是，或甚麼是？環

境？感覺？反射？那樣想根本不合情理，除非你懶到認為這一切是上帝所為。有一個定向標誌在夢裏永遠不會消失，那就是自我，夢中的「我」，游泳、飛行、逃跑、做愛、害怕和戰鬥的我。確實，有些夢者把自己看作夢的表演者而不是動作的核心，但自我是永遠在那裏的。它是概念的構成物，是意識的組織單位。我夢故我在。

清醒夢是甚麼？

在大多數夢裏，我們堅信自己是清醒的，但有時夢事件如此難以置信，以至於我們開始疑竇叢生。這一疑惑感逐漸增加，最終使我們意識到自己實際上是在做夢。因此，清醒夢是指在夢裏重新獲得清醒意識的一個經常被丟失的重要方面——對自己所處狀態的準確認識。清醒時我們知道自己是清醒的，並很容易加以驗證。我們能隨意做出動作；我們能控制自己的思維；如果對此有疑問的話，還可以掐自己一把，看看自己對事物的感受能力和對外界刺激的反應能力如何。在夢裏，我們常常喪失自省意識，不知道自己所處的狀態，無法控制自己的思維，不能作出評判。

某些人在夢裏能自發地意識到自己在做夢，這通常出現在8歲以上的兒童中，並且持續到青春期，再往後就很難指望睡夢中自省意識自發出現。但清醒仍然

可以任何人都能習得的方式被誘導。我曾在床邊放了一個筆記本和一支筆來記錄夢。

夢如何改變意識？

表5可用來輕鬆地回答這個問題。事實上，表5是一系列已知事實的總結，不過很重要的一點要明確，你仔細閱讀這些事實，這是我們轉向夢的解析前你反駁或拒絕形式分析方法的最後一個機會。問問你自己，表中這些對你的夢是否適用。

表5　夢中的意識改變

意識組分	與清醒相比發生的變化
1.　感覺	幾乎完全是內源性激發
2.　知覺	幾乎完全是內源性激發
3.　注意力	被夢事件佔據，難以支配
4.　情感	誇張的喜悅、憤怒和焦慮
5.　本能	常見鬥爭並逃跑
6.　思維	非邏輯性的，不受控制的
7.　定向	時間、地點、人物(除自己外)嚴重缺乏
8.　敘述	高度交談性
9.　意志	弱
10.　動作	虛擬的持續的活躍

現在，我們可以通過對照表5中的大腦功能和表4中列舉的大腦區域來說明這些變化是如何產生的。

我們一勞永逸地從拋掉反射模型開始。第一項(感覺)和最後一項(動作)都是完全內生的，其原因有二：一是輸入–輸出的大門被主動抑制所關閉；二是大腦皮質和皮質下感覺運動的中樞表現是自我激活的。

由於認知依賴於感覺而隨意運動依賴於肌張力，故知覺(表5第2項)和意志(表5第9項)的改變是繼發的。在外部感覺缺失的情況下，知覺來自皮質及相應皮質下大腦區域多形感覺區的自我激活。喚起形式視覺如房屋或人臉的圖像是複雜廣闊的皮質區的義務，其中某些與皮質下系統如邊緣葉有關。所以至少我們可以開始想像大腦是如何通過快動眼睡眠的自我激活變戲法般地製造出夢的圖像。我們推測動作指令可能同樣因工作記憶的弱化而受到抑制，具體過程將在後文進一步詳述。這樣我們就簡要地解釋了上表10項中的4項。

注意力需要進行特別說明。夢吸引人們的注意力並不斷將其保持下去。人們往往對夢事件的急轉直下如此震驚，以至於難以像在清醒狀態下那樣給予其應有的關注。我們認為這種注意力缺失部分是寄生性知覺對象自發出現的後果，但也有可能源於限制運動和思考能力的隨意運動控制能力的缺失。我們沉浸於自己的認知產物中，這還包括無論喜歡與否都在快速更

替中運行的感覺運動程序組分。於是我們推測夢意識中注意力減弱還有兩個原因：一是胺能系統對感覺運動程序去抑制的後果；另一個則是前額葉大腦的局部失活。

在快動眼睡眠期，情感和本能(原始行為)都因邊緣系統的激活而增強。快動眼睡眠時大腦特定區域，即顳葉的杏仁核和前腦基底區的白質均開通，這是迄今為止進行的所有腦成像研究的一致發現。此即弗洛伊德所謂的「本我」，現代神經科學對其激活的證實使我們得以肯定地將本能和情感納入夢境情節的主要策劃者範疇之內。我們甚至可以認同夢意識將其通常最原始的特徵歸因於那些在清醒時將其抑制的大腦程序的「釋放」。如此看來，自我/超我相當於前額葉背外側皮質，它構成那個在清醒時決定是否創立真實生活情節並最終激發本能行為的「我」。在夢意識中，「我」在睡覺(如弗洛伊德所言)。如此一來，表4和表5的第4項和第5項現在就能從神經生物學角度來理解了。

思維(第6項)和定向(第7項)都因胺能系統的失活和大腦整體和局部記憶系統的區域性失活而受損。我們想詳細瞭解為何陳述性記憶(據推測其先儲存在海馬，然後輸送到皮質)在夢境意識中幾乎完全失效。顯然，所有依賴於記憶的認知功能(情感顯露可能除外)在快動眼睡眠中都被削弱，因此夢意識對其內容的分析和組織都很糟糕。主宰夢意識的規則是超聯想和情感顯

露，而非線形邏輯性的、特異的、準確的歷史細節。

　　將所有這些分散的元素匯總成一個可信的夢情節是執行官「我」接下來的工作。此刻我們如履薄冰，因為不知道夢情節究竟是如何組成的，就像我們不知道清醒時的觀點是如何產生的一樣。我們強調敘述是因為我們所獲得的夢例報告看起來像故事。這很危險，因為這些報告必須在清醒時才能提供且完全依賴於語言，而夢本身的經歷過程則更像是一場電影。它們是多媒體事件，包括很多即使是在最尖端的高科技電影裏也難以創造的虛擬動作。只有主體自身動作可影響認知的虛擬現實才與夢意識接近。因此我們審慎地採用「敘述」一詞表示夢體驗的連貫性，考慮到快動眼睡眠夢的明顯混沌，這種連貫性顯得尤為引人注目。

　　即使沒有去甲腎上腺素和5-羥色胺幫助進行化學整合，甚至沒有前額葉背外側皮質對思維和動作實施控制和集中，我們在做夢時的體驗仍然是完整、真實且有說服力的。再一次強調，如下觀點難以質疑，即意識的基本真實感包括並強烈地依賴於人類大腦創造虛擬現實的能力，它所有的形式細節都與清醒意識的各方面如此接近，以至於幾乎每次都能讓我們產生錯覺。

第十一章
夢的解析

　　隨着本書內容的展開，我先打倒弗洛伊德再把他扶起，拂去其身上的塵埃將其重新扶上神壇，但那並非我期望自己的夢理論所處的位置。我們現在該如何總結現代神經科學和弗洛伊德精神分析學觀點的異同呢？我的同事鮑勃‧斯迪科高德說得好：「弗洛伊德50%是對的，100%是錯的。」在最後一章我們將解開這個矛盾，希望能讓讀者明白思辨哲學能做甚麼不能做甚麼，並讓大家看到只有實驗性腦科學有望糾正僅憑直覺產生的自我印象。

為甚麼弗洛伊德50%是正確的？

　　言規正傳，弗洛伊德的正確之處在哪裏？他對夢的討論正確地強調了其原始情感特徵。夢確實源於睡眠時大腦原始驅動機制的釋放，而這些原始驅動機制確實包括性欲、攻擊和逃避的本能，也包括伴隨趨向行為的情感如喜悅、高興、快樂、愛，伴隨回避行為的情感如害怕、焦慮、恐懼，以及伴隨一決雌雄的對

抗行為的情感如戰鬥、攻擊、射擊。弗洛伊德稱之為「初級進程」以區別於清醒意識更加平淡、文明且合理的次級進程。

然而，事實上夢的性成份遠比弗洛伊德設想的要少，由於他過份強調欲望滿足對夢的影響，夢中眾多的負性情感反而讓他感到措手不及。

關於弗洛伊德理論中的夢起源問題暫且先討論到這裏。那麼其理論中夢情節建構部分是否有正確之處呢？情感顯露和超聯想活動似乎可以為這個問題提供肯定的回答。換言之，我們認為弗洛伊德理論的基本假設是對的，夢部分由本能力量即與思想內容鬆散相連的情感所驅動。精神分析的一個重要成果當數其對情感重要性的強調，而這些情感常被推理心理學和哲學貶為次要角色。夢確實有力地提醒了人們：我們擁有非常強大的本能和情感，甚至還有在清醒時必須被制止的發瘋傾向。

在此基礎上，弗洛伊德的正確之處還在於，他堅持認為來自本能或情感大腦即現在所謂大腦邊緣系統的清醒意識多到超出我們的想像。此外，通過注意夢，或許把夢當作一連串聯想思維的起點追蹤其到本能中想像的源頭，我們可以期待更多地瞭解自身，之所以說「或許」是因為這一推論尚未被證實。即使是在精神分析實踐百年之後，我們依然沒有實證顯示夢內容能像清醒幻想甚至是中性詞表刺激那樣有激發一

連串相關情感顯露的力量。確實就像我堅持的那樣，當涉及到聯想思維時情感顯露幾乎成為必然。

為甚麼弗洛伊德100%是錯誤的？

弗洛伊德的潛意識模型類似於維多利亞時代的性行為，他認為潛意識極具誘惑力，但虛偽、不誠實。在夢裏，潛意識願望總想擊敗意識，就像清醒時表裏不一的性行為旨在敷衍社會習俗。基於此，弗洛伊德夢理論採用了偽裝和監察這一有着致命缺陷的假說作為夢怪誕性的基礎。夢的原始驅動必須被改頭換面成無明顯意義的怪誕夢境。精神分析夢理論的核心是，只有被記住的夢內容是顯性的，其中隱藏着沉睡的本能，此外除去對本能和情感的強調就別無其他了。如果像我們推測的那樣，夢彰顯情感和本能而非將它們隱藏，那麼偽裝–監察理論不僅沒有必要而且是誤導性的，事實上它是一個徹頭徹尾的錯誤。

沒有了偽裝–監察，精神分析學說建立的夢的解析理論還剩下甚麼呢？如果誘導夢的本能沒有被偽裝和監察，而是直接進入夢境，那麼顯夢就是夢！！！如此一來，我們所要做的只是記錄並「仔細」閱讀自己的夢。說到「仔細」，我的意思是要注意聯想，這些聯想可能遙遠而含糊，但對建立一個符合現實的自我觀意義重大。如此看來，所謂隱夢不過是與夢內容各方面相

關的大量聯想。無論我們是否將其當作夢的啟動者或正因為它們是直接、無偽裝的情感顯露而將其當作夢建構的元素，作為一種更好地瞭解那些對我們至關重要的思想成份的方式，研究這些依然是很有用處的。

　　儘管男性和女性會體驗到相同的夢中情感，但與其相關的內容卻有着高度個體化的差異。正是把握了「各人有各自的夢」這一精髓，夢的解析才能依舊在

個體心理學和心理治療方面佔據一席之地，這極有可能是精神動力心理治療所一直經歷着的狀況。

看看我下面的報告，它既與第四章的生理學討論相關，也涉及到這裏提到的個體意義問題。我想我是這世上唯一會做這種夢的人。

1980年3月12日　向朱維特致敬　第12號夢例

我到達一個會場（可能是1969年在新墨西哥舉辦的亞太睡眠學會會議），正跟同事打招呼時突然注意到朱維特也在那裏。他認出了我並豪放地大笑（他平常不這麼打招呼）。我正要叫他，突然兩腿發軟癱倒在地，口不能言，完全不知所措。

緊跟這段報告，我在日記裏寫下了如下評論：

* 軟弱無力的腿：第一次聽到這個詞的法語説法是在維勒弗朗什的藝術酒店舉辦的一場浪漫聚會上，在那裏需要謹言慎行。當我回到實驗室時，朱維特説我看上去像 *les jambs coupées* —— 縱欲過度的一種表達方法。對朱維特我藉口説自己離開實驗室是去見大學中心實驗室的老朋友D.B.。我曾告訴朱維特D.B.非常迷戀J.S.，有許多笑話是關於D.B.同性戀情結的。其實藝術酒店的那個聚會上沒有任何與同性戀有關的事情，但朱維特可能感覺到了那種氣息。

* 朱維特的笑：在經歷長達將近十年個人和職業

競爭的緊張之後，氣氛終於開始出現緩和。請注意1963–1964期間我在里昂工作，而這個夢發生於1980年。如果說日本是破冰器(1979)，那麼墨西哥(1980)就是破冰的鉗子。朱維特與一個既是朋友又是競爭者的墨西哥人埃爾南德斯–佩翁(Hernandez-Peon)之間的決裂發生於1962年的里昂，當時我正在那裏工作。今天，我收到了朱維特一封熱情洋溢的來信，信雖正式但很熱情。

- 肌無力：朱維特的重大發現即快動眼睡眠相關的肌張力低下表現為我夢中的猝倒。這就像現實生活中的發作性睡病那樣，強烈的情感尤其是驚訝會導致脫力。可能我現在就是用行動來認識朱維特的巨大成就。

這些解釋可靠嗎？我如何知道？當然，我與精神分析患者一樣覺得這些解釋「聽起來像是真的」，但這正是為阿道夫・格倫鮑姆(Adolf Grunbaum)成功推翻的「計數議論」。確實這些聯想對我來說有豐富的意義，它們擁有強烈的情感顯露，但這並不能賦予其可靠性並證明它們是夢的激發者，或準確解釋我為甚麼會做這個夢，也無法證明這就是該夢真正的意義所在！

科學需要預見

正如道格拉斯・侯世達(Douglas Hofstadter)在其

傑作《哥德爾、艾舍爾、巴赫》中指出的，夢內容分析學說的失敗之處在於不能預測。它就連簡單的的回顧性分析都難以完成。以回顧的視角看來，一切似乎變得清晰且有說服力，我夢見朱維特是因為我剛看見過他。好吧，有證據表明先前經歷的事件可能形成夢境的晶核，其後夢的故事圍繞這一點鋪開。並且我確信自己很在乎他對我的感受，也非常瞭解他的重要發現。如此一來，該「解析」(我更喜歡稱之為討論)就不能作為弗洛伊德所謂的「偽裝–監察」的明證，因為我能非常清楚地意識到該夢境描繪的所有導致焦慮的矛盾與衝突。

我能否預測這個或其他任一我曾經做過的夢？如果確實有規則在控制每個夢的情節，而我又確實瞭解這些規則的話，我應該有能力這麼做。但我覺得我不能，你也不能。若你能在夢後指出原因，你對夢的解析就屬「以果為因謬誤」，它破壞了你解析的邏輯性，對我而言也是如此！以下兩點中明有助於澄清我的觀點，一是很多甚至是大部分的情感顯露體驗難以激發夢。儘管我們確實知之有限，但據我們瞭解，很多引人注目的人物、事件和衝動刺激從未在夢境中出現。

作為有志向的大學教師，我確實曾夢到過自己考試準備不充分、資歷不足、幻燈片丟失、講稿放錯地方、遲到等，我以「安排不善」夢境予之以一個簡潔的解釋。但我從來沒有，真的從來沒有夢見過自己坐

在辦公桌前寫論文，或是閱讀一篇有關我經費申請書的評議，儘管這些潛在的夢刺激一直伴隨着我。它們為何沒有進入我的夢境呢？它們當然是情感顯露的，它們關係到生存、攻擊、防禦，還有其他種種方面。換句話說，一個科學的夢理論必須解釋為甚麼如此多的情感顯露經歷難以成為夢境刺激？相反，我會夢到另外一些即使出現過也相當罕見的相關問題。

　　另一項申明是人類會臆想出夢的因果關係，儘管它們不可能存在。我們是如何知道這一點的呢？通過一種被稱為「夢的剪接」的實驗。這一實驗設想首先由羅伯特·斯迪科高德提出，然後由我們實驗室的研究小組付諸實施。我們選了10個夢例報告，在場景顯著轉換處把它們剪開，然後將得到的20個夢的片斷拼接起來。我們將其重新彙聚，有一半保持原樣，而另一半是混雜的，雜合的兩個部分來自不同的人不同的夢，這樣雜合夢起始片斷中的事件無論如何不會與後面片斷的事件存在因果聯繫。

　　在實驗開始之前，我堅信儘管穿越了不同的場景，自己依然能從夢的亞情節順序上看出端倪。但很快，當我試圖判斷某個給出的報告是否剪接過的時候，我發現自己根本無法判定，其他任何人都不能，即使是受過良好培訓、經驗豐富的精神分析學家也無法通過這一包含場景轉換的夢剪接測試。這樣一個簡單的實驗帶來了很多煩心的問題：

- 我們為何如此肯定自己可以通過一個人的歷史瞭解這個人？
- 我們為何如此肯定在假定因果連續性前提下，任何內容都是可讀的？

這兩種情況都是日常所見，每天都會發生，在其中我們都有與夢解析者相同的問題，必須將因果性敘述結構作為原因推演到每件事上。在自然中尋覓並找到因果聯繫一定是思維的一種。幸運的是因果聯繫經常是存在的。這就解釋了為甚麼人能生存，為甚麼儘管人們為推演敘述性因果關係的錯誤傾向所累，科學仍能進步。但人們在判定因果關係時犯的錯誤不會比作出正確推斷的次數少，人們有時能看到這一點，但大多數時候不能。

夢科學

科學方法旨在使人們免於犯上述推演性錯誤。科學實驗是能闡明原因的實踐活動，而最佳的實驗既能展示真正的因果關係又能揭露虛假的因果關係。只要我們新的夢理論是對的，我們就能預言，既定的化學性和局部類型的大腦激活總會產生幻覺、超聯想、超情感、錯誤的信念以及其他認知錯誤。現階段夢的科學預測只能到此為止，但它足以讓夢的形式心理學分析勝過內容分析。

人做夢並不是因為受未經偽裝的潛意識願望或衝動的激發，而是因為大腦在睡眠時被激活，即使這激活會開啟原始衝動。事實上，這些衝動不僅未被隱藏反而在夢裏顯露。決定夢意識特性的是激活過程的特異神經生理細節而非心理防禦機制。

夢的解析超出了自己狹義的範圍，我們一直在致力於進行某種形式的夢的解析。為何要這麼做，為何要那麼說？為何我拿起電話時會感到焦慮？為何我會生兒媳婦的氣？夢的解析經驗告訴我們假定因果關係是危險的，對上面這些問題的答案最好不要局限而狹窄，不要只分析夢的內容。

我們現在需要的是一套真正普遍的規則，以幫助人們接受這一事實，即我們的夢、恐懼和憤怒實質上只是睡眠和清醒時大腦激活的表達，有其深刻而強烈的存在意義。在21世紀，腦科學研究將揭示更多的深層機制。

結論

　　如果問我如何理解夢的奧秘，簡單回答就是已經不再存在甚麼奧秘，至少沒有甚麼奧秘值得為之創造一個過去那樣的神秘夢理論。當然，睡眠科學尚有很多未竟的工作，我們尚未弄清大腦－精神是如何在睡眠中重組自我，以及如何利用夢來更好地理解這一功能。不過，我們清楚地知道，這些細節更有可能揭示睡眠中漸進的、適應性的信息處理過程，且可能性遠遠超出我們之前的想像。

　　我們立志建立夢科學來揭開夢的神秘面紗，我們要建立的夢科學具有堅實而廣闊的神經生物學基礎。最近發展起來的動態腦成像技術尤其是核磁共振成像讓這一計劃如虎添翼，在人類歷史上第一次讓我們可以看到人類清醒、睡眠和做夢時的大腦局部活動。這是一場真正的復興、一次真正的革命，將迎來大腦和精神科學史上的一個重大轉變。

　　正如我努力想要指出的那樣，沒有甚麼比人類意識的科學理論更重要了。既然我們已經知道意識是一種大腦功能，大腦狀態決定人意識體驗的種類，那麼我們可以開始在腦科學堅實而廣闊的基礎上構建意識狀態決定的模型。如此一來，夢的研究就可以被看作

是將會動搖哲學、心理學和精神病學根基的更宏偉目標的一個關鍵部分。

夢的研究必然要聯繫到睡眠科學，而睡眠科學又必然要聯繫到神經生物學，因此夢的研究必然要聯繫到神經生物學。到目前為止，我們對這些聯繫有何瞭解？我們可以通過回顧下面這些重要結論來總結我們的成果。

第一個重要結論是：夢及意識其他狀態都與大腦激活水平的變化相關。睡眠時大腦激活發生有條理的改變，該功能的峰值與夢高度相關，但即使是睡眠時大腦激活的波谷也遠高於通過內省察覺到的徹底失活。換句話說，大腦的激活總是多於失活。即使意識完全消失，大腦仍能以相當複雜的方式運行。它在幹甚麼呢？這一問題的重要答案是呈遞信息、鞏固修正記憶和學習新掌握的技術。這意味着約90％至100％清醒和睡眠時的意識只出現在大腦激活的上層水平。

第二個重要的結論是：大腦之門的開關不依賴激活，這裏的「門」指的不是預示夢應驗與否的「牛角和象牙之門」，而是感覺輸入和運動輸出之門。大腦在睡眠中自我激活時將門關閉，所以外界信息難以進入大腦，而睡眠激活的大腦想將自己激發的運動行為付諸實踐也同樣困難，我們能有意識地體驗到這種夢運動，但幸運的是它們不會表現為現實的運動。這意味着睡眠激活的夢中大腦脫離了正常有效的輸入和輸

出，它一直都我行我素，這一次它忙着處理的正是我們在夢裏意識到的感覺運動和情感資料。最後或許是最重要的結論是：大腦不僅自我激活，將自己與外部世界隔離，而且還徹底改變自身的化學環境，特別是清醒意識必需的兩個化學系統在睡眠中大腦自我激活時被完全關閉。沒有去甲腎上腺素和5-羥色胺，夢中的大腦就無法執行諸如控制思維、參與問題的分析解決、記住自己的活動等功能。可能正是這一大腦化學系統的差異決定了清醒意識和夢意識之間的區別。

在20世紀後半葉各種發現出爐之前，上述結論沒有一項是夢理論家們事先預料到的，但它們都深深影響了人們對意識體驗的看法。沒有這些知識的幫助，我們只能在黑暗中摸索，而擁有它們，我們就會對人類最有趣的特性——意識開始有所瞭解。